ue
a !

© PRESSMASTER - FOTOLIA.COM

...Europe entière jalouse à l'Espagne ce petit joyau de l'archipel des Baléares. Ses habitants accueillent chaque année des centaines de célébrités et de voyageurs de tous bords, emportés le temps d'un week-end ou d'une semaine par le tourbillon de ses nuits chaudes et endiablées.

Des ruelles pittoresques de la vieille ville d'Eivissa, classée au Patrimoine Mondial de l'Unesco, à ses villages perchés sur les collines, en passant par les jolies côtes escarpées bordées de petites criques d'eau turquoise, l'île d'Ibiza ne se résume pas pourtant à l'extraordinaire énergie que dégagent ses gigantesques clubs. Laissez-vous séduire par la douceur du coucher de soleil de San Antonio depuis le Cafe Del Mar, par les multiples chiringitos qui ponctuent le bord de mer, par l'exubérance du Pacha ou du Privilège bien sûr, mais aussi par la gentillesse des habitants de ce confetti de la Méditerranée. Saupoudrez le tout d'une bonne dose de shopping dans les célèbres marchés hippies, et vous renoncerez pour longtemps à l'idée de quitter Ibiza...

Avec ce guide en poche, développez à présent votre propre regard sur ce lieu étonnant, un spot vraiment pas comme les autres !

© MICKAEL DAVID - AUTHOR'S IMAGE

Sommaire

Découverte

À voir - À faire

Cala Benirras.

© HERVÉ BERNARD - ICONOTEC

Phare à Formentera.

Restaurants - Sorties

Shopping - Artisanat

Escapade à Formentera

Organiser son séjour

Barcelone
Minorque
Majorque
Valence
IBIZA
Formentera
Cala d'Aubarca
Cap Rubio
Punta Torreta
Cala d'en Sardina
San Ma
Ses Margalidas
Santa Inés
Cap Nono
Cala Salada
Isla Cunejera
Cala Bassa
Cala Grasio
SAN ANTONIO
Punta de sa Torre
S'Olivera
Es Puet
Cala Conta
Isla del Esparto
San Ra
Cala Codola
Port des Torrent
Cala Corral
Cala Tarida
San Agustín
Cala Moli
Cala Vadella
San José de sa Talaia
Sa Talaiassa
475 m
Cala Carbo
Sant Jo
Torre del Pirata
Cala d'Hort
Port Roig
Es Cubells
Isla Vedrá
Cap Blanch
Punta Roig
Playa sa Caleta
Sant France
Cala Jundal
Cala Llentrisca
Cap Llentrisca
Punta Jundal
Las S
La Canal
Cap Fal
N
0
10 km

Cala Portinatx
Punta Galera
Cala Xarraca
Portinatx
Cala da Serra
Cala del Jonch
Benirrás
San Vicente
Cala San Vicente
Puerto de San Miquel
Punta Grosa
San Juan
San Miquel
Playa d'es Figueral
Figueral
Playa d'es Pou d'es Lleo
Puig Furn·s 408 m
Isla de Tagomago
San Carlos
Cap Roig
Cala Mastella
San Lorenzo
La Joya
Cala Llenya
Es Caná
Cala Nova
SANTA EULALIA
Río Sta Eulalia
Punta Arabi
Santa Gertrudis
Cala Pada
St Estagóol
La Siesta
Cala Llonga
Ca'n Roig
Roca Llisa
Cala Olivera
Jesús
Talamanca
IBIZA
Ca'n Martinet
Figueretas
Playa d'En Bossa
MER
MÉDITERRANÉE
Playa Cavaller
Isla Espardell
Isla Espalmador

Es Cubells.

Ibiza en 10 mots-clés

Ad-lib

Mode vestimentaire née il y a plus de trente ans à Ibiza, promue par la défunte Smilja Mihailovitch, est la contraction de l'expression latine ad libitum. De nouveaux dessinateurs et couturiers ont continué de lancer des modèles féminins ou masculins, désinvoltes, frais, qui semblent évoquer la luminosité et l'air de jeunesse d'Ibiza. Imaginatifs et audacieux, ils sont un mélange harmonieux d'élégance et de sophistication qui définit la mode d'Ibiza. C'est une industrie qui s'exporte vers les autres îles, en Espagne continentale, dans toute l'Europe et sur le marché japonais. C'est un hymne à la liberté qui signifie « Habille-toi comme il te plaît mais avec goût ».

Coucher de soleil

Mondialement reconnue pour son coucher de soleil, certains bars d'Ibiza en ont fait leur publicité. Dans une ambiance de cocktail et de musique chill-out, vous pourrez admirer les derniers rayons de la journée à San Antonio au Cafe del Mar, Cafe Mambo ou le Kumharas ; ou dans une ambiance hippie, au rythme des tam-tams de la plage de Beniras.

DJ

Les discothèques d'Ibiza en font leur plus grande publicité : qui aura le meilleur DJ... de la soirée ? Depuis 1997 à la fin de la saison touristique, le Ibiza DJ Awards récompense le meilleur DJ de l'année, les fans peuvent également voter sur Internet. Mais outre les boîtes de nuit, la plupart des bars branchés et des paillotes sur les plages parmi les plus prisées possèdent leurs DJ attitrés ainsi que leurs propres discographies.

Eau

Aux Baléares, l'eau est rare et précieuse. Bien qu'il pleuve en hiver, les réserves s'épuisent vite en été et tout particulièrement lorsque s'ajoute à la canicule l'énorme affluence touristique. En ville, l'eau du robinet est potable, mais a parfois un drôle de goût ; c'est pourquoi nous vous conseillons de la faire bouillir ou d'acheter de l'eau en bouteille. Dans les restaurants, on ne sert pas d'eau gratuite en carafe mais des bouteilles d'eau minérale plate ou gazeuse.

Eivissa

Signification catalane d'Ibiza, c'est également le seul nom qui vous indiquera la direction de la ville une fois sur l'île. Bien que suite à une décision municipale de 1979 l'île et la ville partagent désormais le même nom, les cartes, guides touristiques et indications signalétiques ont tendance à appeler l'île Ibiza, et la ville Eivissa. Nous ferons de même afin d'éviter les confusions. Vous pourrez également vous rendre à la Dalt Vila, nom donné aux vieux quartiers d'Eivissa, déclarés patrimoine mondial par l'Unesco en 1999.

© VIRGINIE CAMBOURNAC

Dalt Vila, Ibiza.

Finca

C'est l'habitat traditionnel des Baléares. Des murs épais pour garder la chaleur en hiver et la fraîcheur en été. Un toit habituellement plat afin de permettre d'autres constructions en amont. Evidemment, avec les constructions massives de béton, les fincas ont tendance à se faire de plus en plus discrètes sur l'île, mais, grâce à l'apparition de l'agrotourisme, certains propriétaires transforment une partie de leur habitat en hôtel de campagne. A l'intérieur des terres, loin des hordes de touristes, ils offrent une prestation de haute qualité.

Hippies

Les hippies sont arrivés sur l'archipel au milieu du XXe siècle et y ont laissé leur empreinte. Notamment une distraction hebdomadaire de l'île d'Ibiza : les Hippy Markets dont les principaux sont Es Canar et Las Dalias. Vous y trouverez des produits artisanaux (bijoux, sculptures, vêtements...), mais aussi des produits d'importation asiatique et indienne et d'autres objets présentant un intérêt plus relatif.

Légendes

L'histoire d'Ibiza regorge de témoignages sur d'étranges cultes, vols de sorcières et apparition d'ovnis. Chacun a son point de vue et n'hésite pas à donner sa version personnelle. Tel est le cas du culte voué à la déesse Tanit, à Ibiza, et sur l'îlot des Vedrà. Les îles ayant été occupées par les Romains, les Carthaginois, les Arabes, il n'est pas étonnant que chacune d'elles conserve sa propre version des faits et de l'histoire, souvent racontée à travers les générations.

Pityuses

Les Pityuses ou îles Pityuses regroupent les îles d'Ibiza et de Formentera, ainsi que plusieurs petits îlots tels Espalmador et Espardell. Le toponyme Pityuse provient certainement de pitys qui signifie « pin » en grec ancien. Dans l'Antiquité, les Pityuses étaient clairement différenciées du reste des îles Baléares.

Santos

Ici, le négoce du cierge rapporte. Beaucoup de localités à Ibiza portent le nom d'un saint ou d'une sainte.

Survol d'Ibiza

Les Baléares sont un groupe d'îles installées quasiment au milieu de la Méditerranée, à environ 200 km au large de la péninsule Ibérique. Elles font partie de l'Espagne depuis le Moyen Age. Le 25 février 1983, l'archipel est devenu une communauté autonome administrée par un gouvernement local, El Govern Balear, ayant sa propre compétence. Dans chaque île, donc à Ibiza également, un conseil insulaire (consell insular) gère les affaires îliennes indépendamment des autres conseils insulaires.

Géographie

La communauté autonome des Baléares se compose géographiquement d'un groupement d'îles réparties en deux archipels distincts : l'archipel des Baléares proprement dit, au nord, dominé par l'île de Majorque, et le second archipel, celui des Pityusas, au sud du précédent, composé principalement par les îles d'Ibiza et de Formentera. Ibiza (97 000 habitants) est, par la superficie, la troisième île des Baléares avec 570 km². Longue de 40 km et large de 20 km, elle est extrêmement montagneuse et couverte encore, en certains endroits, d'une forêt primitive de pins, ces arbres qui ont donné leur nom à l'archipel des Pityusas (« recouvert de pins »). On n'y trouve que de rares plaines dominées par le mont Atalayas, haut de 475 m. Elle est rattachée à sa voisine Formentera par une suite de rochers et d'îlots.

Géologie

Le relief de l'île tire son originalité de la présence de sierras et de basses plates-formes de grès calcaire. Puisque les Baléares sont le prolongement de la chaîne Bétique, on y observe les mêmes plissements alpins, la même orientation sud-ouest-nord-est que dans la chaîne située en Espagne continentale. Ainsi, l'île d'Ibiza est le prolongement montagneux de Majorque.

Ibiza en couleurs

Vert

Eté comme hiver, Ibiza est recouverte d'une épaisse végétation où alternent les pins, les oliviers, les figuiers, les amandiers, les palmiers, des dizaines de variétés de cactus, les caroubiers, ou encore les sabines – genévriers du Sud de l'Europe – qui ont fait la célébrité de l'île (ce bois très dur était exporté). L'été, le premier étage végétal est sec, gris et cassant. Les herbes sont les premières à souffrir de la sécheresse.

Le Nord de l'île où la forêt méditerranéenne est omniprésente, est la région la plus sauvage : le relief y est plus accidenté, les vallées plus encaissées, l'habitat traditionnel plus rare et l'occupation touristique certainement plus discrète. Les criques, nichées au pied de superbes falaises, difficiles d'accès, ont préservé leur intimité. On retrouve dans cette partie de l'île cinq espaces naturels protégés par

Les ruelles de Dalt Vila, Ibiza.

la loi : Els Amunts Sud près de Santa Inés et de San Mateo, Els Amunts Centre à San Miguel et Els Amunts Nord, véritables réserves de la flore et de la faune ibiziennes.

D'autres espaces naturels répartis sur l'île témoignent des efforts de préservation écologique : le Massis de San Carlos, sur la côte face à l'île de Tagomago (nord-est de l'île), Serra Grossa, Puig d'en Bassetes (à San Juan), Puig de S'Argentera, Puig de Massana au centre de l'île, et au sud, Cala Jondal, Ses Salines, Puig d'en Palleu, cap Llentrisca…

Au total, les espaces naturels protégés représentent 44 % de la surface de l'île. Cependant, cette politique de préservation, apparue tardivement, n'a pas évité les erreurs d'urbanisme.

Blanc

L'habitat traditionnel ibizien est la casa payesa comme on dit en castillan (pagès, dans le dialecte local, très proche du catalan, veut dire « paysan »). On parlera aussi de finca, en espagnol, propriété rurale. Très éparpillée dans la campagne, en haut d'une colline, au plus bas d'une vallée, ou même serrée contre une petite église, la maison rurale ibizienne frappe toujours le visiteur par sa beauté rustique et son toit plat. La simplicité de ses formes cubiques s'allie parfaitement aux matériaux de construction du pays comme la pierre et la chaux.

Blanchies chaque année à la chaux, à l'intérieur comme à l'extérieur, ces maisons, qui constituent l'un des principaux attraits de l'île, ont sans doute valu à Ibiza le qualificatif d'île blanche, devenu aujourd'hui un slogan touristique : Ibiza, isla blanca. Grandes ou petites, elles ont été construites (au moins pour les plus anciennes) suivant le bon sens populaire et sans prétention aucune : une grande pièce principale – *el porxo* en ibizien – donne accès à toutes les autres pièces de la maison qui s'ajoutaient selon les besoins de la famille et du bétail. Ces maisons seraient des copies de temples de Mésopotamie selon l'architecte Philippe Rothier de l'Université de Bruxelles.

© HERVÉ BERNARD - ICONOTEC

Isla Vedra.

Des petites fenêtres creusées dans des murs de pierre très épais, des balcons, des balustrades, des murets et des recoins, qui protègent du soleil en été et des vents qui soufflent en hiver, donnent un caractère quasi unique à ces bâtisses aux toits absolument plats. Leur style a été conservé.
De nombreux architectes actuels s'en sont inspirés pour la construction de superbes villas, modernes et confortables, destinées aux VIP espagnols et internationaux qui habitent l'île ou y séjournent. L'Agroturismo, où gîte rural de luxe, installe ses quartiers dans ces anciennes maisons.
Dans tous les cas, l'ensemble architectural reste cohérent. Les maisons anciennes, rénovées ou récemment construites, s'aplatissent contre le sol et profitent des terrassements des collines pour s'y agripper, dans un ensemble parfait de murets de pierre, peints ou non à la chaux, de plantes, d'herbes et d'arbres propres à Ibiza, île qui a toujours su marier les couleurs. Les petits chemins de terre se multiplient à la sortie d'un village ou d'une agglomération, et ceci est une caractéristique de l'île, vu l'habitat dispersé ! Prudence et discrétion sont recommandées, même à ceux qui disposent d'un véhicule tout-terrain !
Les citernes qui recueillent l'eau de pluie sont encore nombreuses et utiles dans les propriétés rurales et les maisons de village. Quant aux moulins à vent, bien qu'ils fassent toujours partie du paysage, ils sont rénovés pour les cartes postales ou laissés à l'abandon. Aujourd'hui, l'eau – rare – est puisée à l'aide de pompes.

Bleu

Ibiza, c'est la mer, bien sûr ! Ses 210 km de côtes, annoncées dans tous les dépliants touristiques, ne laissent personne indifférent et offrent le plus grand choix. Presque toutes les routes et petits chemins y aboutissent : à Ibiza, la mer est incontournable.

La pureté de l'eau, la luminosité du ciel, la transparence des fonds marins (que l'on peut voir avec de simples lunettes de plongée), la beauté des sites – criques, plages et falaises – constituent l'attraction principale de l'île. Les nombreux îlots et le découpage des côtes offrent une grande variété de points de vue et de paysages. Les côtes restées sauvages et protégées sont hélas en minorité. Le Sud de l'île ressemble à la Costa Brava, le symbole de l'industrie du tourisme de masse. A l'inverse, l'Est, le Nord et le Centre de l'île forment un triangle où la nature a été remarquablement préservée.

Climat

Hiver

Le climat, de type méditerranéen, paraît délicieusement doux en hiver puisque la moyenne des températures ne descend pas en dessous des 12 °C, mais il est évident que les touristes sont moins nombreux en hiver qu'en été ! Or, c'est précisément pour cette douceur hivernale que nombre d'Européens ont choisi de s'installer à Ibiza, les mois d'hiver (décembre, janvier et février) constituant l'époque la plus tranquille. Si le temps peut parfois paraître instable, les journées sont le plus souvent ensoleillées, claires et limpides. Sous un ciel d'un bleu intense, la journée offre un climat printanier, mais la température chute le soir avec des nuits un peu fraîches. Au mois de février, les amandiers commencent leur floraison et l'île se recouvre de blanc et de rose. Les balades dans le centre de l'île, comme à San Mateo, sont de toute beauté. Le climat reste doux.

Printemps

Cette saison est très variable, mais c'est à ce moment que l'on peut goûter les plus belles semaines de l'année avec un ensoleillement parfait et une température idéale. Le printemps est la meilleure période pour découvrir la lumière et la végétation d'Ibiza. Il peut y avoir quelques jours d'une pluie sporadique mais forte. Au printemps, sous un ciel d'orage, il ne fait pas froid, pas même frisquet. Les orages sont bruyants, forts et magnifiques. Aussitôt après, la température remonte à 25 °C ou 27 °C. Le soleil réussit toujours à réchauffer l'air et à sécher la terre. Dernièrement les pluies sont devenues plus sporadiques, moins violentes, et Ibiza subit la sécheresse, de façon plus violente que les régions dites très arides de la péninsule Ibérique.

Été

La grande saison touristique commence en juin, parfois à la mi-mai pour ceux qui ont la chance de profiter des vacances à cette période précoce. Le temps est chaud et le soleil tape. Le ciel est bleu et l'eau est fraîche, mais les plages sont plus calmes. Le soir, la température fraîchit et on supporte une petite laine. Le vent d'est (levante) peut souffler. Juillet sonne le début de l'invasion touristique et la chaleur et la foule surprennent à Ibiza. Evidemment il fait plus chaud et beau (jusqu'à 40 °C...). Août voit le summum de l'agitation.

Retrouvez l'index général en fin de guide

© MICKAEL DAVID - AUTHOR'S IMAGE

L'eau rare

Sur les îles et *a fortiori* lorsqu'elles sont petites et ensoleillées comme Ibiza, l'eau douce est souvent une denrée rare. Il existe des sources et des puits pour les capter, mais cela ne suffit pas à abreuver toute la population... surtout l'été lorsque celle-ci est décuplée. Les moulins à vent visibles un peu partout servaient, bien sûr, à remonter le précieux liquide à la surface. L'eau « potable » du robinet n'est bue par personne, même pas dans les grands hôtels (et nous vous conseillons de suivre cet exemple). L'eau potable (la vraie !) est acheminée du continent et vendue par bidon de 5 ou 10 litres dans les supermercados.
Si vous empruntez la route entre Ibiza et Santa Eulalia vous verrez sur votre gauche une petite bâtisse blanche sur laquelle est mentionnée Agua Potable (il y en a une autre à la sortie Sant Rafael de Sa Creu). Là, l'eau est captée dans le sol et sa qualité dûment vérifiée. Chacun peut venir avec son bidon et repartir avec 50 litres pour un euro.
Voilà pourquoi la campagne est si désertique. A part les oliviers, les figuiers et les amandiers, peu gourmands en eau, rien ne pousse dans les champs.

Quand y aller ?

Ibiza est aussi bondée en juillet et en août que la Côte d'Azur. C'est aussi durant ces deux mois que la température ne descend que rarement en dessous de 30 °C. Pour ces deux raisons, nous vous conseillons de programmer votre voyage en juin ou septembre. Il y fait un peu moins chaud, les tarifs sont moins élevés et il y a moins de monde. La basse saison touristique a lieu d'octobre à mi-avril, et la haute saison de mi-avril à fin septembre.

Histoire

Si elles forment bien un archipel, si elles sont aujourd'hui regroupées sous une autorité commune, les îles Baléares n'ont pas connu pour autant un passé similaire. Au fil des âges, l'une est devenue florissante tandis que sa voisine stagnait dans l'ignorance de tous. Une autre se recroquevillait sous le joug de l'occupant, alors qu'à quelques encablures, l'autonomie était déjà la règle. Gros plan sur l'histoire particulière d'Ibiza.

Lorsque le visiteur escalade (le mot est à peine trop fort) les ruelles de Dalt Villa, la vieille ville d'Ibiza ceinturée de remparts, il se demande parfois dans quel pays il se trouve. Les murs sont blanchis à la chaux, les portes et les volets sont peints en bleu. On pourrait se croire dans une médina arabe, aux rues toutefois beaucoup plus désertes qu'à Marrakech ! Seulement voilà, les murailles à la Vauban ramènent le voyageur bien plus au nord. C'est qu'Ibiza, plantée entre l'Europe et l'Afrique du Nord, s'est toujours trouvée au croisement des routes maritimes des grandes civilisations de la Méditerranée. Elle a été à ce titre alternativement convoitée par les Phéniciens, les Carthaginois, les Ibères, les Romains ou les Maures, chacun y ayant laissé une trace plus ou moins marquée.

La fondation d'Ibiza

Selon Diodore de Sicile, la ville d'Ibiza fut fondée en 654 ou 653 av. J.-C. par les Carthaginois. Mais les historiens contemporains, sensiblement plus fiables, pensent que ce sont les Phéniciens qui s'installèrent d'abord, autour du Xe siècle avant notre ère. Une population, qui n'a pas encore livré tous ses secrets, était déjà installée sur l'île comme en témoignent les peintures de la « Cova de ses Fontanelles », près de San Antonio (au moins 800 av. J.-C.).

Le baptême d'Ibiza

Le nom d'Ibiza serait l'adaptation de Ibosim. Ce qui signifie l'île de Bes pour les Carthaginois. Ils l'auraient ainsi nommée en hommage à un Dieu adoré en Egypte. Dès le XIXe siècle, on a su déchiffrer l'inscription punique sur les monnaies en cours dans l'île : « YBSM ». « Y » signifie île, « BSM » signifie Bes. Bes est un génie plutôt qu'un dieu. D'origine égyptienne, il est représenté sous les traits d'un nain difforme ; il protégeait les femmes pendant la grossesse et l'accouchement, et garantissait aux hommes la force virile. Pour se le concilier, on portait des amulettes à son effigie. Le culte de Bes fut introduit par les Phéniciens sur les côtes méditerranéennes où on le retrouve partout. Il était habituellement représenté un serpent à la main, alors qu'à Ibiza il n'y a pas de serpents. Il semblerait même que les tentatives d'y introduire des reptiles aient échoué. Les bestioles n'appréciaient visiblement pas du tout le parfum du terroir ! Bes continuerait-il de protéger l'île aujourd'hui encore ? Le fait est que, dans l'Antiquité, le meilleur

Tanit

La grande dame de Carthage fut aussi la déesse d'Ibiza. Son culte, qui dura plusieurs siècles dans l'île, exigeait des sacrifices humains. Diodore de Sicile évoque notamment des sacrifices d'enfants (on a d'ailleurs retrouvé des urnes contenant des ossements d'enfants, mélangés à des ossements d'animaux). On a parlé aussi d'Ibiza comme d'un centre de plaisir ou de prostitution sacrée, voué au culte de Tanit : c'était il y a vingt-cinq siècles, si l'on en croit les figurines de terre cuite à caractère sexuel. Cependant, tout ceci reste très incertain.

remède pour éloigner les reptiles était, croyait-on, de porter sur soi un peu de terre d'Ibiza. Cette adoration de la terre fut sensible chez les Carthaginois qui venaient nombreux mourir sur l'île ou s'y faire enterrer, ce qui explique le très grand nombre de tombes puniques découvertes en ces lieux.

L'époque romaine

Ibiza deviendra une riche cité, la troisième ville punique. Romaine sous le nom d'Eubusus, n'ayant pas été soumise par les armes, elle aura le statut de ville confédérée et autonome ainsi que l'attestent les monnaies de l'époque : sur une face, l'inscription « L'île qui se gouverne elle-même (Insul Augusta) » et sur l'autre, l'effigie du dieu Bes, ce qui indiquerait que les Romains ne réussirent pas ou ne voulurent pas faire disparaître les croyances des Ibiziens de l'époque. La romanisation, qui fut au demeurant assez lente, permit à Ibiza de conserver ses activités commerciales traditionnelles : le sel, depuis toujours la richesse de l'île, la pêche et l'agriculture.

Les invasions barbares

A partir du Ve siècle débute une période floue de l'histoire d'Ibiza. C'est l'époque des invasions barbares qui ont saccagé les Baléares.

L'influence des Maures

Au VIIIe siècle, les Maures – vainqueurs des Wisigoths – s'emparent de l'île, qui est baptisée Yebisah. Ils vont y rester cinq siècles, ce qui n'a pas manqué d'influencer fortement les techniques agricoles, l'architecture, les coutumes et la toponymie de l'île. C'est une période de développement pour Ibiza.

La conquête des Catalans

Yebisah, comme le reste des Baléares, sera reconquise au XIIIe siècle (1235 pour être précis) par les Catalans. Eux aussi y apporteront leur culture. Les nouveaux conquérants accordent à l'île une charte très libérale qui implique la reconnaissance de certains droits et privilèges très différents du système féodal classique. Ibiza, de par sa position, reste un lieu de passage.

Les pirates

Les quatre siècles suivants seront chargés de menaces et de peur : les incursions de pirates en provenance du nord de l'Afrique étaient très fréquentes. Elles apportaient la mort et ruinaient l'île. Comme au temps des premières incursions arabes, la piraterie dévaste à nouveau l'archipel. Sans défense et trop dispersés, les habitants de Formentera sont même contraints de se réfugier à Ibiza. Leur île sera désertée jusqu'au XVIIe siècle, lorsqu'un réseau de tours de garde (encore bien visibles aujourd'hui) en assurera enfin la protection.

Au XIVe siècle, tandis que Formentera était désertée, la population ibizienne se réduisait à cinq cents familles. L'histoire d'Ibiza est alors liée à celle de l'Espagne, mais l'île maintient vivants certains rites du passé qui échappent à l'Eglise. L'une de ces mystérieuses pratiques consistait à danser autour des puits. Loin du continent, les traditions ont la vie dure !

L'époque contemporaine

Ce n'est finalement qu'au XVIIIe siècle que l'île sera officiellement christianisée, et la plupart des églises enfin construites. Certaines, fortifiées, servaient de refuge contre les attaques des pirates. De nombreuses tours de guet et de protection seront érigées à la même époque.

En 1837, pour la première fois, est mise en service une ligne régulière entre la péninsule et l'archipel. Pendant la guerre civile, entre 1936 et 1939, les militaires présents à Majorque et à Ibiza se rallient presque immédiatement au général Franco, et seule Minorque reste fidèle aux républicains jusqu'à la Seconde Guerre mondiale. En 1963, après des années de semi-autarcie, le gouvernement espagnol accélère le processus d'ouverture et les premiers touristes arrivent. Ibiza devient La Mecque des hippies. Enchantés et émerveillés, ces pionniers sont suivis de millions de visiteurs. Les années 1970 sont marquées par une véritable vague de touristes venus du Nord de l'Europe – d'Allemagne tout particulièrement – qui prennent possession du littoral baléare et des pittoresques villages de montagne. Cette invasion touristique transforme l'île et affecte une population dont une bonne partie conserve, contre vents et marée, les us et coutumes et un mode de vie d'un passé pas si lointain.

L'autonomie des Baléares

Au début des années 1980, les îles connaissent une véritable révolution avec l'accession à l'autonomie et la création d'un gouvernement autonome des Baléares le 25 février 1983. Un Parlement baléare voit le jour. Régulièrement, depuis cette date, les électeurs baléares sont appelés aux urnes pour élire leurs députés. Un gouvernement est constitué, avec à sa tête un président. L'une des grandes figures de l'histoire baléare de ces dernières années est Gabriel Canellas Fons. Il fut le premier président de la Communauté autonome des Baléares, et ce jusqu'en 1995. Après une énième réélection à ce poste, il fut contraint de démissionner. 1995 est en effet une date noire dans l'histoire des Baléares, avec la découverte d'un énorme scandale de corruption (affaires Calvia et Soller) qui jette l'opprobre sur la classe politique tout entière. En 1999, c'est Francesc Antich Oliver, du Parti socialiste des îles Baléares, qui arrive en tête des élections du Parlement régional des Baléares. En mai 2003, lors des élections régionales, le Parti populaire, gouverné à présent par Jaume Matas Palau, a gardé la préférence des habitants de l'archipel en remportant la majorité des sièges à l'Assemblée. En mai 2007, Jaume Matas Palau s'est une nouvelle fois présenté aux élections, mais c'est son adversaire, Francesc Antisch Oliver, qui les a remportées devenant ainsi le nouveau président du gouvernement des îles Baléares.

Cuisine des Baléares

Les produits

Généreuse, variée, la cuisine baléare s'inspire directement des traditions culinaires importées avec eux par les différents conquérants et colonisateurs des îles au cours de l'histoire. Ses plus grands emprunts viennent sans aucun doute de la cuisine catalane et de celle de la région de Valence, cette dernière ayant elle-même fort emprunté à la cuisine arabe, à une époque où le pays de Valence n'avait pas encore été rattrapé par la Reconquista. A base d'huile d'olive, la cuisine baléare fait appel aussi bien aux produits du terroir qu'à ceux de la mer, avec une prédilection pour chacune des quatre grandes îles de l'archipel pour tel ou tel produit.

Commun aux quatre îles majeures de l'archipel des Baléares, le fameux « *pa amb oli* » est à savourer en début de repas : ce sont des morceaux de pain préalablement baignés dans de l'huile d'olive et frottés à l'ail, que l'on tartine d'une sauce à base de tomates et de vinaigre. *El ailloli* (mayonnaise à l'ail, équivalent de notre aïoli, mais sans œufs) se sert en entrée en accompagnant le pain et les olives, ou pendant le repas en accompagnement des viandes. Autre délice : les *sobrasadas* (charcuterie locale). Ces spécialités typiques des îles sont les produits les plus connus de la gastronomie baléare. Accompagnées d'un plat de viande, de saucisses ibiziennes et de pommes de terre, cela forme le Sofrit pagès, un plat à déguster le midi car assez copieux. Les *cocas*, sorte de longues pizzas locales à la pâte dure, sont aussi très connues et agrémentées de toutes sortes de produits frais, tous

La typique paella espagnole.

plus savoureux les uns que les autres : poivrons, épinards ou pignons de pin. Elles peuvent indifféremment se déguster salées ou sucrées, ou sucrées salées, et la *coca de sobrasada dolça,* couverte de rondelles de *sobrasada* et de sucre cristallisé est très typique des Baléares. Les paellas traditionnelles sont aussi très bien cuisinées dans tout l'archipel.

Délices de la mer

A Ibiza comme à Formentera, la cuisine met principalement en valeur les plats de poisson et de fruits de mer. Nous sommes sur une île, le poisson (mérou) est donc fréquent sur les cartes de restaurants. On goûtera avec plaisir aux spécialités locales comme la *burrida de ratjada,* raie bouillie et accompagnée d'une sorte de coulis d'amandes pilées. Mais attention, beaucoup de produits sur les cartes sont des produits congelés... La plupart du temps, le poisson est simplement grillé, mais il existe quelques spécialités un peu plus élaborées. Demandez donc les produits frais du jour.
Sont aussi très connus : le riz à la marinière, sorte de bouillabaisse locale, le riz noir, ou le bullit de peix, composé de poissons et de pommes de terre cuits dans leur bouillon. A côté de cette cuisine traditionnelle, on trouve à Ibiza une cuisine internationale qui a connu, avec le boom touristique de ces trente dernières années, un développement considérable.
Les pizzerias et les fast-foods jadis concurrents sont aujourd'hui pratiquement aussi nombreux que les cellers (restaurants catalans) et les restaurants offrant une cuisine typique des îles.

Orangers.

Côté douceurs...

En ce qui concerne la pâtisserie, il existe beaucoup de spécialités différentes selon les îles, la plus connue de toutes étant l'*ensaimada* (viennoiserie sucrée). L'équivalent de nos croissants est préparé à base de saindoux et non de beurre, ce qui le rend un peu plus gras que notre viennoiserie. Le tout est enroulé comme un pain aux raisins et saupoudré de sucre glace. Surtout... c'est une véritable religion ! Chaque touriste rentre chez lui avec son carton souvenir ! Dans les halls de départs de l'aéroport comme à bord des bateaux pour le continent, les boîtes hexagonales en carton blanc sont légion.
Autre douceur, la *graixonera*, une tarte au flan accompagnée d'*ensaimada* qui forme une sorte de pudding, et fait l'unanimité. Aussi, les oreillettes, mignonnes galettes en forme d'oreille préparées à base de farine, de sucre et d'anis... bon comme le pastis !

La matanza

Une tradition campagnarde qui réunit toujours un public nombreux : familles, voisins, amis, pour tuer le cochon. Chacun participe à la confection des chorizos, sobrasadas, boudins... Tout en buvant du vin pagès.

Enfin, les *tortas de cabello de angél* (cheveux d'anges à base de citrouille râpée) sont des spécialités répandues dans toute l'Espagne, et, malgré la traduction, c'est délicieux ! Très populaires aussi, les beignets.

Horaires des repas

A Ibiza comme dans le reste de l'Espagne, les heures des repas s'étalent tout au long de la journée. Le soir, les restaurants se remplissent vers 21h voire 22h, bien souvent les clients se seront retrouvés avant, devant un verre et des tapas, et commencent plus tard leur repas au restaurant. Certains choisissent aussi de dîner de tapas et de sangria. Dîner au restaurant à Ibiza est fréquent, les Espagnols aiment manger dehors. Vous trouverez beaucoup de petits établissements très bon marché et fréquentés par des locaux. Quand ils choisissent de dîner chez eux, ils passent à table aussi vers 21h et aiment se retrouver autour d'un verre pour finir la soirée entre amis.

Les boissons

➜ **Les liqueurs** sont très prisées sur les îles et chacune d'elles a la sienne. Le Palo est commun à toutes les Baléares comme la Frígola. Les Hierbas (sorte de Suze à base d'anis et de divers types de plantes locales), que l'on trouve également sur les autres îles de l'archipel est une boisson très spéciale à Ibiza. Elle est en fait très proche d'une absinthe douce. Comme en France, l'absinthe est d'ailleurs à nouveau fabriquée sur l'île par les professionnels qui ont une licence adéquate. Dans la campagne, en cherchant en peu, vous n'aurez pas trop de mal à en trouver de la plus authentique.

➜ **On trouve** les bières espagnoles San Miguel et Mahou. Si vous voulez commander un demi, demandez une caña (prononcez cagna). Très couleur des îles et se rapprochant de notre panaché, la clara est un mélange de bière et de Schweppes citron, ou alors demandez un *chandi.*

➜ **L'immanquable *chupito*** est le nom du petit verre de liqueur, offert souvent par la maison après le dîner ou siroté cul sec en boîte. Par ailleurs, on propose toutes sortes d'alcools.

➜ **Le café est normalement noir.** Con leche, il est additionné de lait chaud, tandis que le capuccino est mousseux. Le café *cortado* est un espresso coupé avec du lait froid. Le café *solo* est un café noir. Il peut être en poudre (*sobre*) ou espresso (*maquina*). Pour les décaféinés, ils sont en poudre ou de *maquina. El carajillo,* version Baléares, ne change que par l'alcool, souvent local, qui est ajouté au café *solo* (café noir).

➜ **Le gin.** Les Anglais ne sont pas restés à Minorque plus de 90 ans au total, mais ils ont eu la gentillesse de laisser en partant le goût et la recette du Gin. Fabriqué à partir de raisin et non de céréales, il est ici plus fruité et moins amer que de l'autre côté de la Manche. Arrosé de jus de citron, le Gin s'appelle alors Pomada, et on le trouve bien sûr à Ibiza.

© MICKAEL DAVID - AUTHOR'S IMAGE

À voir

97 000 habitants. Troisième île de l'archipel des Baléares par ses dimensions (40 km de longueur sur 20 km de largeur), Ibiza est surtout la plus célèbre des îles de l'archipel. Elle est symbole de fièvre nocturne pour les milliers de touristes qui se dirigent chaque été vers ses 210 km de côtes ponctuées de criques, de calanques et de pinèdes, mais surtout vers ses boîtes de nuit…

Bien que le christianisme soit arrivé ici bien plus tard qu'en Espagne, les noms des villages sont ceux des paroisses. San Antonio et sa baie spectaculaire, Santa Eulalia la cosmopolite, ou les villages de San José et de San Juan qui évoquent la paix d'un espace rural idyllique. Et Jesús : nous sommes en terre chrétienne, pas de doute ! D'ailleurs, les messes, même en semaine sont encore très fréquentées, et les fêtes des saints patrons rassemblent tous les habitants de la commune pendant une journée.

La beauté d'Ibiza en certains endroits surprendra celui qui n'a entendu ce nom qu'à propos des discothèques et des hippies. Cela existe, évidemment, mais Ibiza c'est également un paysage splendide et rare, fait de criques étroites et de mer turquoise. Cinquante-six plages de sable blanc, soleil, maisons blanchies à la chaux, terrasses en pierres locales et mer turquoise font partie du décor. Les constructions anarchiques d'hôtels et la foule en pleine saison rendent cependant Ibiza parfois difficile d'accès.

Il est vivement conseillé de prévoir son voyage début juin ou fin septembre. Il y a du monde, mais au moins vous trouverez une place sur les terrasses de café et un coin de sable où poser votre serviette. Durant ces deux mois-là, l'atmosphère est également plus respirable… La température est de 25 à 30 °C.

Folklore

Le folklore d'Ibiza et de Formentera a pris beaucoup d'ampleur dans les dernières années, et les groupes folkloriques de danse paysanne (ball pagès) ont considérablement augmenté. L'insularité d'Ibiza et le tempérament très ouvert de ses habitants ont permis à l'île de s'ouvrir à la modernité et de conserver ses traditions. En dehors des villes et des quartiers hôteliers, la vie est en effet très rurale et isolée. Ces bals traditionnels, avec leur musique folklorique, ont lieu le plus souvent devant les portes des églises, lors des fêtes patronales ou dans un but tout à fait touristique quelques samedis soir, à la sortie de la messe de bon nombre de villages. Les vêtements féminins sont remarquables, agrémentés de la emprendada, une multiplication de colliers en or, portés sur la poitrine.

Les instruments de musique joués par les hommes sont les castagnoles (sorte de grandes castagnettes), la flûte que l'on appelle chirimilla, sculptée dans la canne et le tambour.

Ibiza
Points d'intérêts
1 Cathédrale
2 Eglise de Santo Domingo
3 Eglise du Salvador
4 Casino
5 Musée Puig des Mollins
6 Cinémas
7 Château
8 Porte de "Las Tablas"
9 Obélisque des Corsaires
10 Office de tourisme
0
60 m
N
DALT VILA
LA MARINA
SA PENYA
PUIG DES MOLLINS
Marché
Eglise
Bus
Poste
Police nationale
Taxi
Ferry
Club Nautique
Port Ibiza Nueva
Marina Botafoch
Playa Figueretes
Avenida Vuit d'Agost
Passeig Juan Carles I
Avenida de Santa Eulalia
Avenida Ignacio Wallis
Avenida de la Pau
Avenida d'Espana
Pere Frances
Cabrera
Gomez
San Christofol
Abaad y Lasierra
C. Fray
Vincent Nicolas
Vicent Serra
Gonzalez Abarca
Isidor Macabich
Canarias
Extremadura
Riera
Calle de Madrid
Place Fojarnes
Castella
Carrasco
José Clapes
Bisbe Huix
Aragon
Deputat Josep Ribas
Carles III
Carles V
Gaspar Puig
Quadrado
Felip II
Bartomé de Rosello
B.V. Ramon
Vara de Rey
Comte de Rosellon
Passeig de Moli
Punica
Via Romana
J. Planels
Joan Xico
Galicia
J.J. Verdaguer
C. del Archiduque Luis Salvador
C. de Al Sabini
Ramon Muntaner
Paseo Maritimo
C. de Juan Ramon
Luici Oculaci

La ville d'Ibiza

Située sur la côte est de l'île, vers le sud, la ville d'Ibiza est la capitale de l'île et de l'archipel des Pitiusas, son centre administratif, culturel et commercial. Son appellation officielle est Eivissa. L'hiver, elle compte environ 34 000 habitants. L'été, elle est surpeuplée. La vieille ville et ses quartiers environnants constituent la plus grande attraction de l'île, mais la ville s'agrandit dans de nombreux quartiers. La vieille ville est construite sur le versant d'une colline qui domine les ports (de voyageurs, de plaisance, de marchandises), la baie d'Ibiza et la baie de Talamanca.

Au sommet de la colline, la ville haute (Dalt Vila), construite presque en escalier, est entourée d'épaisses murailles Renaissance d'où émergent la cathédrale et le château et, un peu plus bas, l'église de Santo Domingo ainsi que de nombreuses maisons seigneuriales. C'est incontestablement le site le plus intéressant de l'île, si ce n'est des Baléares. Au pied de ces murailles se resserrent les anciens quartiers, peut-être les plus pittoresques, où les vieilles maisons blanches de pêcheurs semblent s'entasser de manière désordonnée et s'avancer sur le port.

Eivissa, Forteresse.

Les quartiers

La ville d'Ibiza se compose de plusieurs quartiers qui possèdent leurs propres particularités. Vous remarquerez aisément en vous baladant dans la ville, par l'architecture des maisons ou des immeubles, la taille des rues ou même les passants, les limites de l'un ou de l'autre.

LA MARINA

Entre les quais (d'où partent les bateaux pour Palma et Barcelone) et la Dalt Vila. Ses constructions reflètent bien l'architecture de l'île : maisons blanches avec de nombreux balcons, rues étroites... C'est le quartier le plus fréquenté, il est agréable d'y flâner à toute heure, de jour comme de nuit. Il y a toujours quelque chose à voir. Un nombre impressionnant de magasins, de bars et de restaurants, dans les ruelles, fait de cette zone urbaine un véritable centre déjà très vivant en hiver, et qui explose en été. Avant 13h, la plupart des magasins sont fermés, et vous serez seul dans les rues.

Préférez donc le début de la soirée, d'autant que les magasins restent ouverts très tard. A l'heure de l'apéritif les artisans s'installent dans les rues et surtout le long des quais. Ils vendent colliers, étoffes, chapeaux... Les établissements se remplissent de touristes et de couche-tard amoureux de la nuit ibicenca.

Sa Penya, l'ancien quartier de pêcheurs.

SA PENYA

Ainsi nommé car véritablement situé sur des rochers (*peña* en espagnol) un peu élevés qui avancent sur la mer, ce quartier, au pied de la Dalt Vila, est peut-être le plus caractéristique de tous à cause de ses ruelles étroites et de ses nombreux escaliers et passages.

Sa configuration ressemble beaucoup à Dalt Vila, mais en plus populaire et plus vivant. Les petites maisons basses sont encore plus tassées, et le niveau de vie visiblement moins élevé. Touristique mais moins que la Marina, Sa Penya grimpe jusqu'aux murailles de la Dalt Vila. La nuit y est très animée, c'est le quartier gay d'Ibiza, vous y trouverez de nombreuses boîtes de nuit, cafés et restaurants, moins attrape-touristes que sur le port. Les horaires sont ici décalés par rapport à la marina. Les restaurants n'ouvrent pas avant 22h, et encore !

LA DALT VILA (LA VILLE HAUTE)

C'est la partie haute de la ville, entourée de remparts datant du XVIe siècle formant une sorte d'heptagone. Véritable mémoire de la ville et déclaré patrimoine mondial par l'Unesco, ce quartier mérite l'ascension car on y voit presque tous les monuments. Pour y accéder, l'entrée principale, le Portal de Les Tables, est remarquable. Vous pourrez admirer les deux statues romaines. Les murailles datent de la Renaissance. Construites au XVIe siècle et rénovées par Juan Bautista Calví, elles ont un périmètre de 1 931 m et une hauteur maximale de 22 m. A l'intérieur, la cour d'Armes, qui a conservé le style Renaissance, donne accès aux ruelles et places de la Dalt Vila, limitée par les remparts. Le Portal Nou, qui donne sur la via Romana, ou la Portella, passage situé dans la rue Obispo Torres, vous conduiront également vers la Dalt Vila.

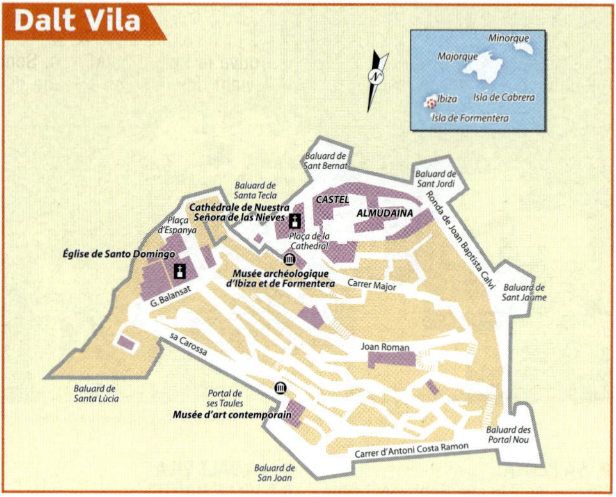

Les tours de défense sont des constructions particulières que l'on retrouve un peu partout dans l'île d'Ibiza. Il s'agit de constructions emblématiques des XVe et XVIe siècles, situées dans les endroits les plus stratégiques. Ce sont des tours de guet, construites en prévision des attaques de pirates, restaurées récemment par les autorités locales.

La promenade, dans les ruelles bordées de maisons seigneuriales et de monuments, vous fera découvrir des points de vue sur toute la ville d'Ibiza, y compris les quartiers de Figueretas et de Puig d'Es Molins, derrière la cathédrale. Le château est encore et toujours en cours de rénovation. Promenez-vous au gré des petites ruelles pour rejoindre la cathédrale, mais n'entrevoyez surtout pas l'ascension en plein après-midi l'été. Il fait vraiment trop chaud (croyez-nous !). Allez y admirer le coucher de soleil vers 21h et arrêtez-vous dans une des ruelles dans un petit restaurant. En effet, Dalt Vila abrite de très bons restaurants et l'atmosphère est différente de la ville basse.

■ PASEO DE VARA DE REY

Presque au pied des murailles, proche des rues du port et de l'ancien marché, le Paseo de Vara de Rey relie les anciens quartiers touristiques à la ville commerciale et administrative. Le Paseo de Vara de Rey, une place rectangulaire pleine de charme, est le véritable noyau de la ville.

Un monument dédié au général Vara de Rey remonte à 1904, à caractère épique et plutôt néoclassique. Il est l'œuvre des sculpteurs Alentorse et Font Carreras. Ce monument, érigé par souscription populaire, a été inauguré par le roi

d'Espagne Alphonse XIII. Le général Joaquim Vara de Rey (1840-1899) fut un remarquable militaire d'Ibiza, mort à la tête de ses troupes restreintes lors de la bataille de El Caney à Cuba, contre l'armée américaine. Cette place est toujours animée et incontournable dans la vie de l'été. Elle est le théâtre de beaucoup de cérémonies, de commémorations et de nombreuses représentations populaires.
Elle donne accès, par l'avenida de España, aux nouveaux quartiers d'Ibiza, comme celui de Figueretas qui descend jusqu'à la plage portant son nom. Elle donne accès aussi à la plaza del Parque, une autre petite place carrée piétonne, qui est le lieu de rendez-vous. C'est une place calme et ensoleillée, fréquentée par des gens de tous âges. El Parque de Doña Sofia, au pied des murailles en montant, est devenu le cadre pour les concerts populaires et les fêtes et célébrations.
Plus haut, le quartier Puig d'Es Molins, entre la Dalt Vila et Figueretas, domine le superbe panorama de la plage d'en Bossa, précédée du quartier de Es Vivé. Sur la colline fermée par la Via Romana parallèle à la Via Punica se trouve le Puig d'Es Molins. Son nom vient des moulins à farine du XIXe siècle qui dominaient la colline. Deux moulins existent encore, mais ne sont plus en état de marche. Il est classé lieu protégé et d'intérêt culturel à cause des 4 000 tombes de l'époque punique et romaine.

■ LE QUARTIER DE FIGUERETAS

A 1,2 km au sud du centre-ville d'Ibiza. Il est délimité par la calle Juan Ramón Jimenez, par l'avenida de España jusqu'au Mc Donald et par la mer. De construction récente et s'agrandissant sans cesse, il reste très animé toute l'année. C'est un quartier très vivant et populaire. De nombreux bars, terrasses, hôtels et appartements assurent une activité encore plus intense en été. Le Paseo marítimo, qui serpente le long de la mer et de la plage de Figueretas, vous propose une promenade agréable le soir. Il est bordé de bars et restaurants fréquentés pas les touristes, mais dîner en face de la mer, quel bonheur !

Les ruelles de Dalt Vila.

Le long de ce paseo piétonnier, des marchands prennent place et vous proposent leurs produits. Nous ne vous recommandons pas de vous balader tard dans la nuit dans le haut du quartier de Figueretas, pas toujours très bien fréquenté.

IBIZA-NUEVA

Par l'avenida de Santa Eulalia, qui longe le Paseo marítimo, on arrive au quartier d'Ibiza-Nueva. Situé face à la Dalt Vila, au nord de la ville, il s'étend jusqu'au cap Botafoch, avec un beau port de plaisance et des constructions récentes, sur un nouveau Paseo marítimo où la promenade est très agréable. Ici se regroupent le casino, les fameuses discothèques comme le Pacha, le Divino, les bars comme le Keeper, le PK 2, le Cubasino et d'autres très fréquentés. C'est le quartier le plus chic, surtout à cause des boutiques de luxe qui s'y sont installées, aux abords des bateaux privés, ainsi qu'un des coins les plus chers pour aller en terrasse profiter de la belle vue de Dalt Vila. Si vous voulez profiter d'une vue imprenable, mais sans être particulièrement au calme, il y a une navette au départ de la marina, face à l'office du tourisme, à gauche de l'estación Marítima, qui vous mène à Botafoch.
Juste derrière, la plage de Talamanca est devenue LA plage d'Ibiza. Cette longue plage pas très large est en dehors de la ville derrière les marais. Peu de restaurants et d'hôtels s'y sont installés, ce qui lui donne un caractère beaucoup plus naturel que Las Figueretas ou la Playa d'En Bossa.

PHARE DE S'ILLA PLANA

Une idée de balade pour les plus courageux. Après Marina Botafoch et plus loin que l'hôtel Corso, entre les petites villas, vous arriverez à la petite crique de s'Illa Plana, plutôt tranquille le soir, et vous poursuivrez jusqu'au phare qui vous offre l'une des plus belles perspectives sur la vieille ville et ses murailles. Un nouveau port a été récemment construit à cet endroit, et vous pourrez par conséquent admirer d'un côté les magnifiques yatchs de plaisance, et de l'autre, les ferries des compagnies qui relient Ibiza aux autres îles des Baléares ou à la péninsule Ibérique.

Les « beautiful people » d'Ibiza

Depuis les années 1960, le petit monde d'Ibiza – avec ses « beautiful people » – est presque devenu un mythe. De nombreuses personnalités internationales du monde artistique, économique, politique, sportif ou médiatique ont pour habitude de venir passer quelques jours de repos à Ibiza. Il n'est pas rare de les rencontrer dans les bars, les restaurants et les discothèques que signalent nos rubriques. Des hôtels comme El Palacio, la Torre del Canónigo, ou tant d'autres, sont devenus des endroits privilégiés et font le plein de personnalités à chaque saison.

Bon nombre de célébrités européennes du spectacle, des médias ou du sport (Zinedine Zidane) ont fait d'Ibiza un lieu de séjour régulier. Julio Iglesias descend chez Pike's, une superbe maison payesa de San Antonio connue pour son restaurant et pour les quelques beautiful people qu'elle loge (enfants non admis). Ces hôtels, qui contrastent avec les hôtels classiques, se sont multipliés un peu partout dans l'île. D'un très grand confort, mais certainement pas à la portée de toutes les bourses ! En outre, Ursula Andress, Roman Polanski, Frank Alamo, Niki Lauda et Linda Evangelista sont quelques-unes des personnalités qui possèdent une maison à Ibiza, et Richard Gere vient d'y faire une acquisition immobilière.

De nombreuses publications comme celle du Pacha font la liste, photos à l'appui, des célébrités de passage. Depuis quelques années, certaines se sont attachées à l'île en acquérant de riches demeures dans la campagne (surtout au nord-est).

Ibiza est devenue le lieu privilégié des stars et des paparazzi, et peut à ce titre soutenir la comparaison avec Saint-Tropez. Seules Marbella et Sotogrande en Espagne rivalisent sur ce terrain avec l'archipel.

Les musées de la ville d'Ibiza

Deux musées doivent retenir votre attention.

■ MUSEE ARCHEOLOGIQUE D'IBIZA ET DE FORMENTERA

Plaza de la Catedral, 3 (Dalt Vila)
✆ 971 30 12 31
Ouvert du mardi au samedi de 10h à 14h et de 17h à 20h et de 10h à 14h le dimanche. Fermé les lundis et fêtes. Vous y accéderez par les jardins situés sur les remparts de la ville. Il faut descendre les escaliers à l'intérieur du Baluarte de Santa Tecla pour voir les dépendances de ce musée qui présente dans un ordre chronologique des collections d'art de Carthage (art punique), depuis le VIIe siècle av. J.-C. jusqu'au IIIe siècle ap. J.-C. La plupart des objets exposés proviennent des fouilles pratiquées à Ibiza.

■ MUSEE D'ART CONTEMPORAIN

Ronda Pintor Narcis Puget (Dalt Vila)
✆ 971 30 27 23
Ouvert le samedi et dimanche de 10h à 13h30 et du mardi au vendredi de 10h à 13h30, de 17h à 20h en été. Il a été inauguré en 1970 avec des fonds venant des biennales qui ont lieu à Ibiza, dans un bâtiment du XVIIIe siècle qui se trouve à l'intérieur du bastion de San Joan. Le musée occupe ainsi l'ancienne salle d'armes, dans la cour d'Armes située sur les murailles. Belle collection d'œuvres de peintres ibiziens et d'artistes étrangers attirés par la beauté de l'île. Toutes les œuvres présentées ici sont donc des œuvres d'artistes nés sur l'île ou qui y vivent.

Les galeries d'art

Ibiza compte un nombre important de galeries d'art pour une petite ville balnéaire. Elles témoignent du rôle important qu'ont joué les peintres dans les années 1960. Ils étaient d'ailleurs à l'origine de l'engouement et l'effet de mode pour Ibiza.

■ **GALERIA VAN DER VOORT**
Plaza de Vila, 13
Ouvert hiver comme été, du lundi au vendredi de 10h à 13h30 et de 18h à 21h. Cette magnifique salle jouit d'une lumière exceptionnelle et accueille des expositions souvent très renommées.

■ **SALLE DE CULTURE DE SA NOSTRA**
C/Aragon, 11 © 971 30 52 39
Ouvert du lundi au vendredi de 11h à 13h30 et de 18h à 21h, et le samedi matin. Cette très grande salle moderne toute blanche accueille régulièrement de nombreux artistes.

■ **SALLE DE CULTURE DE LA CAIXA**
Avenida Ignacio Wallis, 28
La salle d'exposition est ouverte au public de 18h à 21h tous les jours, dimanche excepté.

■ **GALERIA MARTA TORRES**
C/Conde Rossellon, 1
Ouvert de 11h à 13h et de 18h à 21h, et le samedi matin. Fermé le dimanche. Sous les arcades, au pied des murailles.

Les environs de la ville d'Ibiza

Jesús

La paroisse de Jesús fait partie de la municipalité de Santa Eulalia, dont le centre-ville est à plus de 10 km, alors qu'elle se trouve à côté d'Ibiza et non loin de la plage de Talamanca. Ce quartier est la partie résidentielle d'Ibiza, qui s'étale sur les collines protégeant la plage de Talamanca et le port d'Ibiza. La visite de l'église de Jesús (Nuestra Señora de Jesús), assez cachée par les nouvelles constructions, mérite un petit détour pour son retable gothique du XVe siècle attribué à Rodrigo de Osona. Passé l'arcade sous l'enseigne de la pharmacie, une petite allée entre les arbres vous conduira jusqu'à la porte et vous y respirerez un petit parfum d'antan. Le centre est toujours animé le matin, car, pour de nombreux habitants, il est indispensable de prendre son petit déjeuner sur la terrasse exiguë du bar-restaurant El Bon Lloc ou même d'y prendre son repas. Comptez 12 €. On peut également se prélasser sur les terrasses plus grandes et modernes installées sous des auvents juste en face (Croissant Show), à côté de différents commerces et banques. Quant aux hôtels, il y en existe peu à Jesús. Seuls quelques beaux agrotourismes ponctuent les environs comme le très recommandable Can Domo (www.candomo.com).

Parc national de Ses Salines

Il faut traverser un étroit passage entre les salines pour arriver à un autre rond-point qui mène à la plage. Les salines ne sont plus en activité, mais restent un lieu privilégié pour leur beauté. Le parc national de Ses Salines est un ensemble de marais salants qui furent exploités par les Phéniciens, les Romains et les musulmans.

Aujourd'hui, c'est un endroit d'une grande valeur écologique puisqu'il est le lieu de passage de plusieurs espèces d'oiseaux migrateurs, récemment déclaré « zone protégée ». Un grand parking en terre battue, à gauche, devenue récemment payant, permet un accès à pied entre les dunes et les pins. Vous débouchez sur la longue et belle plage de Ses Salinas. Cosmopolite, très à la mode, trop fréquentée en été, c'est la plage pour voir et être vu, surtout lorsqu'on y arrive en bateau! A partir de la plage de Ses Salinas, une balade à pied en suivant les falaises jusqu'à la tour de Ses Portes vous fera apprécier la beauté du paysage. Emerveillement garanti!

San Jordi

Le petit village de San Jordi, sis dans la municipalité de San José – sur la route de l'aéroport et des Salines –, possède une très belle église fortifiée du XVe siècle, qui mérite le détour car, pour le Petit Futé, c'est sans doute la plus intéressante. Malheureusement, le village a grandi… et les constructions se sont multipliées. Ce petit village, au croisement de plusieurs routes, est un des lieux de résidence des Espagnols qui s'éparpillent dans des maisons et lotissements autour de leur église.Sur la route vers les Salines, après quelques mètres du rond-point, vous prendrez la route de la crique de Sal Rossa.

La tour de défense d'Es Carregador est appelée aussi de Sal Rossa, car elle se trouve dans la crique du même nom, dans la municipalité de San José. Suivez la route de l'aéroport, puis, au rond-point, prenez la direction de la plage des Salines et un chemin de terre à gauche juste avant d'arriver à l'église de San Francisco (Sant Francesc), l'une des plus anciennes.

Plage des Salinas.

→ **Promenades en bateau.** Dans le port, de petites embarcations font le trajet aller-retour vers les plages proches de Talamanca, Playa d'en Bossa ou plus loin pour Cala Llonga, Santa Eulalia, Es Canar. Les embarcations, qui partent à peu près toutes les 30 minutes, se remplissent de touristes avertis qui choisissent ce moyen de transport agréable. Comptez 3 € pour le trajet le plus court (Talamanca à 20 minutes) et 11 € pour le trajet le plus long (Santa Eulalia, 1 heure 30).

Sa Caleta

Très près d'Ibiza par la route de l'aéroport, entre la plage des Codolar et le Puig des Jondal, vous trouverez le village phénicien de Sa Caleta. Il s'agit des fouilles du premier établissement avant leur déménagement à la colline qui forme aujourd'hui Dalt Vila : un village habité par les chercheurs de métaux précieux de la moitié du VIIe siècle av. J.-C., qui a été déclaré patrimoine mondial par l'Unesco en 1999.

Es Cubells.

Le Sud d'Ibiza

Une option afin de poursuivre des vacances farniente consiste à descendre vers le sud en longeant la côte. Cap Roig est un hameau de jolies maisons, entouré de magnifiques criques que l'on peut longer à pied. Toujours sur cette côte, la route d'Es Cubells offre une vue splendide sur la mer qu'il est possible de suivre à pied.

San José

La vaste municipalité de San José occupe tout le Sud de l'île d'Ibiza et comprend le petit village de San Jordi, déjà cité, proche d'Ibiza, le village d'Es Cubells et celui de San Agustín, qui ont tous les trois leur propre église. En effet, cette municipalité et ses 10 000 habitants vivent disséminés sur de nombreuses collines et souvent près des plages ou calas, paradis des estivants.

San José, village principal de la municipalité, est une petite ville coquette et rurale au pied de la colline de Sa Talaia qui a gardé le charme du passé. Il faut prendre un verre ou déguster une glace sur les terrasses ombragées de la place, animées à toute heure du jour et de la soirée. San José propose aux acheteurs un large choix de cadeaux et d'articles de décoration dans un périmètre réduit. A noter, le magasin d'antiquités El

Cala Xarraca.

Palio, les beaux articles de cuir de Kankokas, la boutique de décoration côté sud (près de la Poste), et surtout Es Trenet&Cia, à côté de la pharmacie dans la rue principale, pour dénicher un cadeau original.

■ EGLISE DE SAN JOSEP DE SA TALAIA

Sa Talaia est, avec ses 475 m d'altitude, le point culminant de l'île. Il présente des vues panoramiques qu'il faut aller admirer. La silhouette blanche de l'église du XVIIIe siècle se dresse au milieu du petit village. Le coin de la sacristie sous les porches est un endroit remarquable dans sa simplicité.

■ LA TORRE D'EN ROVIRA

Aussi appelée tour du Comte. Elle fut construite en 1763. Elle est située en face de l'île des Bosc sur la côte Ouest. Le panorama est merveilleux.

Es Cubells

A partir de San José, la route d'Es Cubells conduit à travers les collines jusqu'à la place de l'église du village du même nom. La vue y est magnifique. Au pied de la falaise, il y a une plage minuscule, Ses Boques. Vous cherchez un peu d'ombre ? Allez-vous installer à la terrasse du restaurant !

Cala d'Hort (es Vedra)

A la sortie du village d'Es Cubells, prenez la direction de Cala d'Hort, une belle petite plage dans un cadre sauvage, située face à l'îlot bien connu d'Es Vedrá (382 m) et à l'îlot voisin d'Es Vedranell, qui forment le magnifique parc de naturel d'Es Vedrá, avec l'îlot Ponent.

➜ **A signaler :** dans les environs, n'hésitez pas à poser votre serviette sur l'une des belles plages abritées de Cala Vadella, Cala Bassa et Cala Conta.

L'ouest d'Ibiza

San Antonio

Deuxième ville de l'île, San Antonio est située à l'ouest d'Ibiza, dans la baie du même nom. La municipalité de San Antonio comprend les villages de San Antonio et ceux de San Rafael, de Santa Inés et de San Mateo.

Moderne et en pleine expansion, San Antonio est la municipalité touristique la plus connue. Le nouveau Paseo marítimo, arboré de palmiers et bien boisé, abrite bon nombre de terrasses estivales ; les passants et les promeneurs se baladent jusqu'à l'Œuf de Colon (le rond-point typique) qui est l'endroit de tous les rendez-vous, ou alors à travers le Paseo de las Fuentes (fontaines) qui ont décoré la grande zone piétonne qui borde le port de plaisance.

Ici se trouvent, en plus des bateaux privés du club nautique, tous les bateaux qui desservent les plages environnantes comme des autobus et qui proposent des balades maritimes le jour comme la nuit. L'été, le soir, le quartier est très animé : concerts en plein air et stands d'expositions artisanales, qui facilitent l'achat des souvenirs de l'île.

Dans les nombreux restaurants de San Antonio, le choix est varié : de la gastronomie chinoise à la cuisine anglaise la plus traditionnelle... Pour les bonnes tables, dirigez-vous à Sa Capella, abrité dans une ancienne chapelle vieille de plus de 500 ans, ou à Sa Prensa, très bonne adresse où vous dégusterez une cuisine méditerranéenne traditionnelle sous une végétation abondante.

La vie nocturne à San Antonio est intense. Certains trouvent le West End trop jeune, d'autres trop anglais, d'autres trop bruyant... Le quartier de Caló des Moro est ainsi devenu un lieu de réunions et de rencontres au bord de l'eau sur les rochers au moment du coucher du soleil, incontournable à San Antonio (vers 21h). C'est l'occasion de se retrouver dans des bars musicaux, tel le mythique Café del Mar, dont l'ambiance méditative rappelle la période hippie.

Ces bars organisent des préparties en liaison avec les discothèques à Ibiza ou San Antonio (l'Eden, Es Paradis Terrenal). L'ambiance de la baie de San Antonio, en face de la ville et de la promenade, reste bien tranquille en comparaison. Néanmoins, de nombreux bars et restaurants sont ouverts en saison.

Les constructions et maisons traditionnelles se tassent dans des ruelles autour de l'église paroissiale de style ibizien, du XIVe siècle, d'un grand charme architectural, mais malheureusement très cachée. Les constructions modernes envahissent toute la baie et ont retiré beaucoup de son charme à ce lieu qui en était doté. Venez à San Antonio pour admirer le coucher du soleil du Cafe del Mar ou de Kumharas et pour dîner dans l'un de ses nombreux restaurants. A noter, le marché du vendredi.

LES PEINTURES RUPESTRES DE LA COVA DE SES FONTANELLES

Découvertes lors des dernières fouilles archéologiques, elles datent de 800 av. J.-C. Prenez la direction de Santa Inès, puis celle de Cala Salada. Dans le dernier virage à gauche avant la plage, suivez le chemin de terre à droite sur environ 5 km.

LES EGLISES DE SAN ANTONIO, SAN RAFAEL, DE SANTA INES ET DE SAN MATEO

Les monuments « au paysan » (carrer Ramón y Cajal, coin carrer Ample) et « au pêcheur » (gare routière) sont à voir de loin, car ils sont rigolos ainsi que l'œuf, monument dédié à Christophe Colomb.

TORRE DEN ROVIRA

Tour de guet du XVIIIe siècle sur la municipalité de San José, mais sur la baie de San Antonio en direction de Port des Torrent.

L'est d'Ibiza

Santa Eulalia del Rio

Santa Eulalia a une histoire et un patrimoine. Elle a une vie également, même quand les visiteurs ne sont plus là. Peu étendue, c'est certainement la plus familiale de toute l'île, mais aussi la plus animée en hiver. Située à 15 km du centre d'Ibiza, Santa Eulalia del Rio est divisée en trois quartiers. La vieille ville est bâtie sur une colline, Puig d'en Missa. Tout ce quartier, cerné par une rue qui la serpente, est empierré. Les maisons cossues se cachent derrière leurs murs et leurs haies. Au sommet trône l'église, simple et blanche. Ne pas manquer la promenade le soir venu par les petits escaliers. Toute l'île scintille à l'horizon.

La deuxième partie de la ville est constituée par la plaza de España et la calle Sant Vicente. Quand les touristes sont là (de juin à septembre), le coin est vraiment très animé. Enfin, il y a le port de plaisance Puerto Deportivo et la plage (tous deux mitoyens). Le premier ressemble à un petit village. De nombreuses boutiques d'accastillage s'y sont installées afin de répondre aux besoins des plaisanciers à quai. On y trouve aussi de nombreuses bonnes tables et une ambiance très spéciale créée par ce microcosme marin. Juste à côté : la plage, et son beau front de mer ombragé par les palmiers. Le sable y est blanc et s'étire sur 200 m. La balade sur le Paseo Maritimo est vivement recommandée le soir.

Comme ailleurs, les bars et les boulangeries se sont multipliés. La formule des platos combinados dans les cafétérias est très pratique. Il faut alors se rendre autour de la place de la mairie. Dans la rue San Vicente se trouvent tous les bars à tapas. On vous recommande El Falucho, dont la terrasse se situe sur une toute petite rue piétonne (carrer Algemesi).

© HERVÉ BERNARD - ICONOTEC

Plage à Ibiza.

Egalement le Ca Na Ribes, une bonne table abritée dans un superbe petit jardin intérieur (carrer San Jaime, 67), ou, plus luxueux, le Can Pau, une maison paysanne bien rénovée qui jouit d'une réputation considérable pour ses spécialités ibiziennes servies dans un cadre très soigné (Carretera de San Miguel, km 2,9).
Santa Eulalia, la nuit, est bien vivante. N'hésitez pas à flâner dans la calle San Vicente, et à vous arrêter pour boire un verre à Los Amigos ou à El Pinchito, tous deux réputés pour leurs tapas. Ces endroits sont aussi des lieux de rencontres qui vous mèneront sans doute plus tard dans les discothèques du coin, comme Sandy's, ou le Guarana.

■ **MUSEE LAUREANO BARRAU**
✆ 971 33 00 72
Eté de 11h à 14h, tous les dimanches. Fermé l'hiver. Ce musée abrite la plupart des œuvres du peintre impressionniste espagnol qui fut tant séduit par la luminosité de Santa Eulalia.

■ **EGLISE-FORTERESSE DU PUIG DE MISSA**
Elle fut érigée au XVIe siècle, ainsi que la vieille tour annexe. Ce remarquable ensemble architectural enclôt le petit cimetière en escalier, tout aussi remarquable par sa beauté. Le site offre une superbe vue.

■ **LA TOUR D'EN VALLS (XVIIIe siècle)**
Punta d'en Valls, Pou des Lleó (à l'extérieur de la ville)
Elle fut construite pour la défense des côtes.

■ **www.ferrysantaeulalia.com**
Plusieurs traversées possibles pour se rendre à Formentera, Es Cana, Cala Llonga et Ibiza.

San Carlos

Seulement quelques kilomètres séparent Santa Eulalia de San Carlos. Prévoyez d'y déjeuner pour découvrir ce village. Sur la route, vous visiterez le restaurant Las Dalias, l'un des plus connus du coin, même si vous ne voulez pas vous y attabler. Le marché hippie de Las Dalias, tous les samedis, est très prisé… C'est, selon nous, le marché hippie le plus typique et chaleureux de l'île. Le village conserve sa tranquillité d'antan autour de son église du XVIIIe siècle, au centre du village, blanche et vaste.
Il fait bon venir se mettre au frais sous ses vastes voûtes devant l'entrée. Quelques maisons ont gardé leur cachet local, mais la plupart sont de construction récente. On imagine bien l'Ibiza d'avant le tourisme…

➜ **A signaler :** sur la droite, la route derrière l'église conduit au littoral, qui est très beau et offre une succession de petites plages (Cala Nova, Cala Mastella, Cala Llenya et, un peu plus loin, Cala Boix, Cala Pou des Lleo) ou encore de grandes plages de sable fin telles que S'Aguas Blancas et Es Figueral. Ces sites sont préservés, et la vue sur l'île de Tagomago est impressionnante.

L'intérieur des terres

San Rafael

A la sortie d'Ibiza, prenez la N 731 (direction San Antonio) : on passe devant le centre commercial et on dépasse, sur la droite, plusieurs boîtes de nuit. Une route sûre, récemment élargie, mène à San Rafael, petite

localité regroupée autour de son église du XVIIIe siècle que l'on distingue sur une colline. Dominant la vallée et offrant un point de vue magnifique sur la ville d'Ibiza, l'église est fort bien illuminée la nuit.
Le village, qui s'est agrandi autour des anciens croisements des routes, compte bon nombre de bars et de restaurants relativement bon marché. Bien entendu, on trouve à San Rafael les habituels bars villageois avec terrasse, très animés de jour comme de nuit.

Santa Gertrudis

A quelques kilomètres de la sortie d'Ibiza, vous pouvez prendre sur la gauche la route vers l'intérieur des terres en suivant les indications San Miquel et Santa Gertrudis à partir de la route de Santa Eulalia.
Avant Santa Gertrudis, la route passe devant la Galeria es Moli, à gauche (© 971 31 28 35). Cette maison typique, reconnaissable au moulin qu'elle a conservé, abrite une grande collection de tableaux de peintres internationaux qui ont habité ou vivent encore à Ibiza. Pour les amateurs d'art et de décoration (le magasin a la cote), la visite est conseillée.
Le village se trouve sur la gauche de la route, au milieu de la campagne et des collines. Des ruisseaux et des anciens puits lui apportent la fertilité. Cette petite agglomération, bâtie – elle aussi – autour de son église du XVIIIe siècle, ne laissera pas indifférents les amateurs d'antiquités… Le village de Santa Gertrudis a su agréablement évoluer, tout en demeurant vivant et sympathique : le charme persiste. La vie s'organise autour de l'église et de sa place.

En hiver, chaque dernier samedi du mois, vers midi, les Subastas (ventes aux enchères) du magasin d'antiquités Casi Todo réussissent à attirer de nombreux collectionneurs et passionnés de brocante qui prennent plaisir, ensuite, à s'attarder dans les bistrots pour conclure leurs affaires autour des bocadillos. Ces bistrots se succèdent tout le long de la route principale qui, passant par San Mateo, autre village à l'intérieur des terres, débouche sur la place de l'église. En été, vers 22h, les bars sont remplis d'une foule hétéroclite qui apprécie un repas pris sur le pouce dans une ambiance bruyante et populaire.

San Lorenzo

Un petit village fortifié, curieux, emblématique, collé à une tour de défense qui se trouve au milieu des maisons, et sur toutes les cartes postales.

© VIRGINIE CAMBOURNAC

Cloches de l'église de Santa Gertrudis.

© MICKAEL DAVID - AUTHOR'S IMAGE

Portinatx.

Le nord d'ibiza

Au nord de l'île allez voir les falaises de San Vicente pour admirer le paysage et poursuivez votre route jusqu'à San Juan. Cette route est l'une des plus belles de l'île. Le village de San Juan est très tranquille et offre le calme que l'on ne trouve pas forcément ailleurs à Ibiza.

Le nord de l'île d'Ibiza est resté en général très préservé. De nombreux petits chemins relient les deux routes principales, celle de San Miquel et celle de San Juan et Portinatx. Rien ne vous empêche de les explorer et de les combiner à votre guise. Dans cette zone, les routes sont étroites et peuvent être dangereuses.

Portinatx

Loin de la folie des clubs d'Ibiza, conservant toute sa beauté et son charme malgré les constructions récentes, la Cala Portinatx.

C'est une petite station balnéaire familiale à majorité anglophone qui se compose de 3 petites plages. Une agréable promenade le long du Paseo Maritimo vous fera rapidement découvrir la transparence de la mer. Ne pas oublier les nombreuses petites criques aux alentours, notamment Cala d'en Serra et Cala Xarraca, souvent désertes car peu accessibles mais pas moins agréables. Portinaxt est avant tout une station balnéaire familiale, envahie en été par les Anglais. Pour les plus fêtards, La Barca, sur le chemin de la petite plage du port, reste ouvert assez tard. De plus, si vous êtes dans le coin à la mi-juillet, Portinatx devient l'un des lieux les plus festifs de l'île pour 3 jours. Cérémonie de la virgen, concours de Miss & Mister Portinatx, feux d'artifice, mais surtout, un DJ prend place sur la plage principale et mixe à la manière des grandes discothèques de l'île jusqu'à l'aube.

San Juan ou San Juan de Labritja

La commune de San Juan est très étendue et éparpillée. Elle englobe les petits villages environnants de San Miquel, San Vicente, San Lorenzo et les agglomérations autour des plages de Portinatx. A partir de San Vicente, la route, bien signalée, qui mène à San Juan, est l'une des plus belles de l'île. Peu fréquentée, elle donne en outre une image fidèle de l'Ibiza traditionnelle : habitat éparpillé, vertes collines, forêt méditerranéenne. Il faut compter une dizaine de kilomètres jusqu'au village très tranquille de San Juan.

→ **A voir :** la source de Balafia, avec un moulin à huile de l'époque romaine qui sert de bassin, l'ensemble architectural rural de maisons paysannes de Balafia la belle tour de refuge de Can Pere de Mosson, et l'area de especial interes de Es Amunts, qui s'étend depuis Cala Salada, à San Antonio jusqu'à la Cala San Vicente. Les vues sont magnifiques.

Cala Benirrás

Une petite crique limpide, au paysage sauvage et peu fréquenté, vierge de toute urbanisation. Chaque nuit de pleine lune, des centaines de personnes viennent sur la plage. Elles jouent de tous les instruments de percussions possibles jusqu'au petit matin : la fête des Tambours a fait de la cala une des calanques les plus mythiques de l'île.

Les dimanches soir, réunions de touristes, saisonniers et locaux, autour de feux de camps, de tambours et de jongleurs. Très bonne ambiance. De la plage, on voit l'îlot Cap Bernat.

San Miquel

On y arrive directement à partir de Santa Gertrudis. Le village de San Miquel, dominé par son église en haut d'une colline, se compose de quelques maisons et commerces. Son église du XIVe siècle est l'une des plus belles d'Ibiza. San Miquel ne change guère, mais le village s'est agrandi et est aujourd'hui assez urbanisé, ce qui lui retire beaucoup de son charme passé. Les points de vue sur la mer sont cependant splendides car la nature est restée très sauvage.

COVA D'EN MARÇÀ

Ouvertes à la visite à partir de 10h30. Entrée : environ 5 €. Grottes naturelles creusées par l'érosion de la mer. On y a découvert des fossiles d'animaux préhistoriques. L'entrée est payante parce qu'on y organise des spectacles son et lumière.

Église de San Miquel.

À faire

Excursions

A l'entrée de la Cala, Bruno vous propose de louer un bateau pour un petit tour autour du rocher d'Es Vedra et des petites autres criques alentours. Le Zodiac qui a une capacité de 6 personnes coûte 60 € pour 1 heure, et 120 € pour 3 heures. Vous pourrez aussi choisir de louer les services du capitaine pour une journée « à la carte » : il vous emmènera où vous voulez, y compris Formentera. Comptez 1 000 € pour la journée.

Golf

■ **GOLF IBIZA**
Urb. Rocca Llisa, Carretera Jesus-Cala Llonga s/n, Santa Eulalia del Rio
✆ 971 19 61 18
Un golf 18-trous, par 72. Situé sur la route qui longe la mer entre Santa Eulalia et Ibiza, ce golf sélect est réputé pour son degré de difficulté élevé. Le parcours est encaissé dans un étroit vallon descendant vers la mer.

Montgolfière

Vols de 40 à 50 minutes, pour un minimum de 2 à 4 personnes. Tôt le matin ou tard le soir pour profiter de la plus belle lumière que l'on peut espérer pour la baie de San Antonio. 150 € par adultes, 110 € pour les moins de 12 ans (transport depuis votre hôtel inclus).

Parc aquatique et grotte

■ **PARC AQUATIQUE AGUAMAR**
Playa d'en Bossa, juste à coté du Space
✆ 971 30 06 71
Ouvert de juin à octobre de 10h à 18h. 18 € pour les adultes, 10 € pour les enfants. Toboggans pour petits et grands, idéal pour passer une journée de loisirs en famille : solarium, parc pour les enfants, café-restaurant…

■ **COVA DE SES LLEGOSTES**
Cala Gracio, San Antonio
En face de l'hôtel Tarit, sur la route du Port de San Antonio
Ouvert tous les jours à partir de 10h. Adulte 9 € et 5 € pour les enfants.
Grotte marine et naturelle sous la terre… L'eau de mer rentre et crée un lac intérieur logeant un aquarium contenant les espèces typiques des îles sur environ 300 m².

Plages

Vous vous apercevrez rapidement si vous louez une voiture que l'île est propice au vagabondage, rien de plus agréable que de trouver « par hasard » un petit coin de paradis, mais vous ne nous en voudrez pas de vouloir vous aider !

■ **CALA BENIRRÁS (AU NORD)**
De loin la plage la plus mystique de l'île. Elle est assez grande, mais pas immense, l'eau devient vite profonde.

Cala Benirrás.

Une fois que vous aurez fait quelques brasses, retournez-vous : on se croirait éloigné de toute civilisation en contemplant cette petite colline bordée d'une végétation assez dense : un petit coin de paradis ! En face, l'îlot Cap Bernat avec son allure hypnotique lors du coucher du soleil. Tous les dimanches soir s'y déroule la fête des tambours. Djembés, jongleurs, feux de plages redonnent à cette plage l'ambiance hippie de jadis. Mais c'est aux soirs de pleine lune que la plage doit sa réputation : percussions et bonne ambiance jusqu'au lever du soleil !

CALA PORTINATX (AU NORD)

Avant d'arriver à Portinatx, vous pouvez faire un arrêt sur les plages de Cala Xuclar et Cala Xaraca. La première, certainement plus tranquille, n'est composée que de galets. En revanche, sur la deuxième, vous aurez moins mal au dos en vous étendant sur votre serviette. Un peu plus loin, Portinatx qui est en fait une succession de trois petites plages : S'Arenal Petit, S'Arenal Grand (la plus grande) et la petite du port. La profondeur augmente régulièrement, ce qui en fait une station balnéaire idéale pour les grands qui veulent nager, tout comme pour les petits qui resteront là où ils ont pied. Un peu plus difficile d'accès, la Cala d'En Serra offre une tranquillité exceptionnelle et une eau cristalline.

CALA SAN VICENTE (AU NORD)

Longue plage où les vagues peuvent parfois se déchaîner de manière impressionnante. Par temps calme, l'eau est limpide, et la descente dans les profondeurs régulière.

AGUAS BLANCAS (À L'EST)

Au pied d'une grande falaise, cette plage est certainement la préférée des naturistes. La succession de plusieurs petites plages, qui se séparent à marée haute et se rejoignent à marée basse, facilite la tranquillité. En revanche, allez-y de préférence le matin, car l'après-midi les falaises cachent le soleil.

© MICKAEL DAVID - AUTHOR'S IMAGE

Portinatx.

CALA LLONGA (À L'EST)

Eau transparente et d'un bleu envoûtant. Peu de profondeur : idéal pour des familles avec enfants en bas âge.

SES SALINAS (AU SUD)

Si vous avez un bateau privé et que vous désirez vous faire servir comme au restaurant par des serveurs qui font la navette entre la plage et vous à l'aide de petits bateaux à moteur, vous avez la bonne adresse ! Voici la « plage des people ». Etre vu et surtout se faire voir, pourquoi pas, surtout si c'est sur une plage aussi agréable : sable fin sur plusieurs kilomètres, eau magnifique avec une profondeur variable mais qui reste faible. Attention aux coups de soleil ! Il y a également une belle promenade à faire jusqu'à la tour du guet.

CALA JUNDAL (AU SUD)

Entourée de rocher, un peu de sable rapporté. Un paysage magnifique, et le soir de la musique live qui arrive des quelques chiringuitos installés en bordure, tout spécialement Blue Martin et Paco Fernandez et sa guitare ou le Tropicana et ses fêtes brésiliennes, une aubaine le dimanche après-midi.

CALA D'HORT (AU SUD)

Cette crique n'aurait pas autant de mystère sans le fameux rocher d'Es Vedra qui envahit magnifiquement son paysage à quelques centaines de mètres. Mélange de sable et de galets sur la plage, l'eau devient rapidement profonde.

PLAYA D'EN BOSSA (AU SUD)

Appartenant à la municipalité de San José, cette longue plage de sable fin manque de charme. Elle est bordée de grands immeubles, de gros hôtels, de bars, ou de restaurants comme le chiringito Insula Augusta (✆ 971 39 08 82), ou le Nassau au style chic décontracté (✆ 971 39 67 14). En été cette concentration d'établissements touristiques nuit à la tranquillité de ce quartier pourtant paisible en hiver. Le bout de la plage est plus calme et agréable. Tranquillité toutefois relative, car cet endroit est sur la trajectoire des avions en phase d'atterrissage et l'été l'aéroport est très fréquenté. Pratique pour faire de la planche à voile ou de la régate.

LA PLAGE DE S'ESTANYOL (AU SUD)

En traversant le village de Jesús, prenez la route à gauche. C'est un bon endroit pour profiter d'un après-midi un peu plus calme. Les soirées de pleine lune, y sont organisées les « Full moon parties », soirées en célébration de l'astre où se réunissent les gens de l'île. Essayez de vous renseigner auprès des saisonniers, ce sont eux en général qui sont le plus au courant de ces soirées mystiques.

CALA CONTA (À L'OUEST)

Une des plus belles plages d'Ibiza, sa mer et ses couleurs bleues et turquoise et son sable, presque aussi blanc que celui des maisons. On y trouve de très bons restos.

Petit train

A San Antonio de Portmany et à Santa Eulalia Del Riu, il y a un petit train qui fait un parcours touristique rural de 2 heures connu sous le nom de Scenic Tour Train. A San Antonio, la promenade comprend une visite au village de Santa Inés de la Corona (à 20 km), à l'intérieur des terres, et préservé du tourisme, à Santa Eulalia Del Riu, au Musée ethnologique Can Ros et au village de San Lorenzo. Le voyage coûte 11 € pour les adultes, 6 € pour les enfants.

Plongée

La faune et la flore marine de la Méditerranée sont si magnifiques qu'il serait dommage de ne pas en profiter. Vu l'étendue de la zone côtière, vous trouverez des centres de plongée sur la majeure partie du littoral.

NEMO

Puerto deportivo, Marina Botafoch, local 101 ✆ 971 31 72 58

On peut passer son baptême pour 42 €, ou suivre un cours complet et passer un brevet international de plongée pour 300 €, taxes comprises.

AQUANAUTIC

✆ 680 82 67

www.club-aquanautic-ibiza.com

Sur la plage de Cala Vadella, existe depuis 20 ans et propose pour tous les niveaux PADI et CMAS, ainsi que les niveaux d'autres licences comme la FDAS, des plongées nocturnes dans les grottes sont organisées, location de matériel.

Isla Vedra.

■ **A L'HOTEL NAUTILUS**
Baie de San Antonio © 680 33 95
On y parle le français. Baptême en mer (*50 €*) ou sortie exploration (*35 €*). Cours pour tous les niveaux et spécialistes pour les enfants.

Randonnées

L'île ne se borne pas à tirer seulement partie de la mer. En effet, la douceur de l'hiver permet la randonnée à pied ou à vélo. La petite île de Formentera a d'ailleurs bien compris l'attrait de ce sport en proposant toute l'année à ses visiteurs une flotte de vélos. La tradition équestre est également très forte, et pratiquement toutes les stations balnéaires ont un centre équestre vous offrant la possibilité d'une randonnée à cheval, adaptée à votre niveau.
Une superbe promenade à pied est par exemple possible à partir des dernières maisons du lotissement de luxe d'Es Cubells. En longeant la falaise par un sentier piéton, on parvient à Cala Llentrisca, où seuls se rendent les pêcheurs du coin et les plus courageux. La plage n'est guère fréquentée, il n'y a même pas de bar ! Il faut compter environ 30 minutes de marche.

■ **LAS CUADRAS DE IBIZA**
A Jesús. Finca Can Puig
Santa Gertrudis © 971 19 70 11

■ **PONYLANDIA**
Carretera Eivissa-Jesús
© 630 20 42 72
Poneys et dressage de chiens à Jesús.

■ **CAN SIRES**
Camino Sa Vurero
(chemin à droite près du stade de San Antonio)
© 971 34 31 05 – © 619 91 18 57
Cet ancien moulin est facile à repérer car l'enseigne arbore une tête de cheval noir.

Sports nautiques

Ibiza est un paradis pour les amateurs de sports nautiques : voile, ski nautique, plongée sous-marine, scooters des mers, canoës, etc. L'île dispose d'un vaste dispositif de ports de plaisance.
Pratiquement toutes les écoles, tous les centres nautiques vous proposent des cours d'initiation (en individuel ou en groupe) ainsi que des forfaits à la semaine.

Location de jet-ski

■ **WATER CONTACT**
© 666 52 42 59
www.watercontact.com
Situé au niveau des appartements Sol y Playa (ville d'Ibiza). Pour une personne : 30 € le quart d'heure et 55 € pour une 30 minutes, 40 € les 15 minutes pour 2 personnes et 75 € la demi-heure. Possibilités de location à la journée, avec un tarif dégressif : 300 € pour 24 heures, 1 750 € pour 7 jours.

Location de bateau

Un yacht de 60 m, avec jacuzzi, salle de billard, coiffeuse, équipage au complet avec son capitaine, se loue 12 000 € par jour. Néanmoins, jouer les marins n'est pas forcément une mission impossible. Le bateau à moteur de 7 m à partir de 300 € par jour sans capitaine. Un yacht de 15 m, avec deux moteurs de 800 CV et 3 cabines doubles, revient à 2 100 € par jour. Un voilier de 9 m,

© FLORENT RECLUS - AUTHOR'S IMAGE

avec 2 cabines doubles, nettoyage et assurance compris, 2 150 € par semaine, 2 700 € si l'on se fait assister d'un capitaine.

■ **CORAL MARINE, SUNSAIL**
✆/Fax : 971 31 13 16

■ **THE MOORINGS**
✆ 971 19 04 05

■ **MOTONAUTICA**
✆ 971 30 66 65

■ **SANDVIG**
✆ 971 33 96 21

■ **PRINCESA DEL MAR**
✆ 971 19 08 04

Voile

Vous pouvez pratiquer la voile et la planche à voile à Talamanca, Es Vive, Playa d'En Bossa ou San Antonio.

■ **ESCUELA DE VUELA ET WINDSURF**
Au Club nautique d'Ibiza
✆ 971 31 33 63

■ **VELA NAUTICA**
✆ 971 53 90 31
Sur la plage de San Antonio, Es Regueró, à côté de l'Hôtel Arenal. Julian, assisté de ses filles, donne des minicours de planche à voile (*36 € pour 4 heures*) et de perfectionnement (*60 € pour 10 heures*). Egalement cours de voile (*108 € pour 10 heures*), en commençant par un bateau de type Galion et en terminant par un 420. Location de planches à voile et kayaks (*6 € par heure*). Location de voiliers : (*9 € par heure*).

Wakeboard et ski nautique

■ **CALA CONTA**
Tout récemment installé sur la petite plage de droite, un jeune couple se propose de vous faire essayer le wakeboard ou le ski nautique (20 €). Les moins sportifs auront la possibilité de s'agripper à une bouée pour 10 € par personne.

RESTAURANTS - SORTIES

Restaurants

En règle générale, les restaurants ouverts en saison proposent un menu le midi aux environs de 10 € et parfois le soir autour de 15 € (avec vin et café).

Dans le quartier du port, grande concentration de restaurants touristiques, proposant tous types de spécialités. Les prix sont raisonnables, mais vous y trouverez peu de locaux. Dans le quartier Paseo de Vara de Rey, de petits restaurants aux prix tout aussi corrects vous proposent tapas et quelques plats plus typiques. Le quartier de Dalt Vila, un peu plus cher, a l'avantage de vous plonger dans un décor très agréable. Les restaurants vous proposent des spécialités ibiziennes et des poissons frais.

Les fast-foods se sont multipliés et les ventes à emporter abondent du côté du port. Ils restent ouverts très tard.

Autre solution pour se nourrir de manière économique et rapide, les boulangeries qui ont essaimé dans le centre-ville. Vous pouvez déguster sur place, mais aussi – c'est très à la mode chez les noctambules – dans les bars qui ouvrent très tôt, tel le San Juanito, situé derrière le bar San Juan, au pied des murailles, sur le vieux marché ainsi que le Croissant Show. Ce sont là des solutions pour les petits budgets qui ne négligeront pas les bars à tapas.

Sur la ville d'Ibiza, il s'agit pour la plupart de restaurants plutôt à la mode, comme les restaurants des boîtes de nuit très prisées. Difficile de s'en sortir avec 40 € par personne si l'on veut faire preuve d'un peu d'originalité dans ses choix. En fait, prévoyez davantage ! Selon que vous choisirez de vous restaurer dans un quartier plutôt que dans un autre, vous devrez adapter aussi vos horaires : dîner dans Sa Penya avant 22h risque d'être difficile.

Sur le pouce

■ **CROISSANT PLAYA**

Playa de Figueretas

Quartier de Figueretas – Ibiza Ville

Juste à côté du kiosque de l'office du tourisme, un couple de Français, Tina et Jean-Pierre, ont installé un petit bar-snack très agréable. Il est possible de s'asseoir en terrasse, ou bien de prendre l'une des délicieuses pâtisseries à emporter. Idéal pour prendre son petit déjeuner, il y a un large choix de paninis et les viennoiseries y sont excellentes, tout comme l'accueil !

■ **CROISSANT SHOW**

Mercado Viejo. Sa Penya – Ibiza Ville

© 971 31 76 65

Ouvert toute l'année, de 6h à 3h. Au pied de la muraille de Dalt Vila en face du vieux marché. Bons croissants au beurre des Charentes, sandwiches, yaourts, cafés, jus de fruits frais et glaces toute la journée. Au Croissant Show, spectacle toute la journée, où les noctambules classiques et autres Drag Queen se mélangent gaiement

© VIRGINIE CAMBOURNAC

Vue des toits, en face du port d'Ibiza.

aux ouvriers entamant leur journée de travail. Le Croissant Show est vraiment une institution dans la ville, bon endroit pour se tenir au courant sur les fêtes à venir et pour faire des rencontres intéressantes. A noter : un service traiteur et de vente à emporter est maintenant disponible.

■ EVOHE

15, Plaza de Vila. Dalt Vila – Ibiza Ville
© 971 39 94 34
Ouvert toute l'année, midi et soir. Près de 32 choix de pizzas, toutes faites maison au tarif unique de 6 €. Dans ce petit resto, avec terrasse au cœur de la vieille ville, on déguste des bruschettas.

■ MEDITERRANI

19, carrer del Pais Valencia.
Ville nouvelle, derrière la Poste
Ibiza Nueva – Ibiza Ville
© 971 30 01 96
Ouverte toute l'année, du mardi au samedi de 7h à 14h et de 17h à 20h30. Le dimanche de 8h à 14h. Boulangerie-pâtisserie qui tient de l'épicerie fine. Ouverte depuis 5 ans, tenue par Nicolas et sa femme Imma qui vous recevront chaleureusement. Des pains différents, de la fougasse à 4,50 €, un grand choix de tartes et de viennoiseries. Chocolat, thé et accessoires. Glaces maison. Petite cave à vins et champagnes. Prix raisonnables.

Bien et pas cher

■ CAFE TOMATE

Plaza de la Constitución,
11 en el Mercado Viejo
Sa Penya – Ibiza Ville
© 647 18 97 41
Ouvert toute l'année à partir de 9h et jusqu'à 4h en été. Tout au long de la journée, profitez de la vue sur la vieille ville sur cette agréable terrasse protégée du passage des voitures. Sandwichs, tartines, salades, jus de fruits frais, glaces… très appétissant et à des prix raisonnables. Fidèle à ses origines, le propriétaire belge Denis vous proposera une sélection de 16 bières belges. Wi-fi gratuit pour les clients.

CERVECERIA SCENICUS

4, Paseo de Vara de Rey
Paseo de Vara de Rey – Ibiza Ville
✆ 971 31 43 21
Ouvert toute l'année de 8h à minuit, et en été jusqu'à 2h. On peut y manger, à toute heure, 38 sortes de tapas différentes dont les prix varient entre 3 et 12 €. Décor rustique. Bistrot tout en longueur et décoré d'un grand miroir pour l'élargir.

CHEZ ANITA

A San Carlos (Est d'Ibiza)
Voici un bar-restaurant connu sur toute l'île pour ses produits et son ambiance authentique. Son petit patio ombragé sert de boîte postale tout en abritant une clientèle éclectique. Vous pourrez manger de tout à petit prix.

L'OTTO CAPUCHINO

A Santa Gertrudis
Voici un sympathique bar-restaurant-terrasse, situé derrière le parc des enfants. Tout y est frais et excellent… On mange très bien pour 20 € !

LA CABAÑA

Passeig de les Pitiuses
Quartier de Figueretas – Ibiza Ville
✆ 636 32 80 40
Ouvert tous les jours de mai à octobre de 12h à 2h du matin. Comptez entre 5 et 10 € le plat. Vous dînerez face à la mer. Très bon accueil, vous pourrez même converser en français avec les serveurs ou avec le patron, qui est belge. Sur l'ardoise une trentaine de tapas, des paëllas, des pâtes, des pizzas, du poisson… N'hésitez pas à vous y arrêter, même pour boire un de leurs bons cocktails. Très bonne adresse.

LOS PASAJEROS

6, carrer Vicente Soler (1er étage)
La Marina – Ibiza Ville
Ouvert de début mai à fin octobre, de 19h30 à 00h30. Cela fait 25 ans que Maria tient ce petit restaurant qui est toujours plein à craquer. Très apprécié des locaux, on y mange vite et bien car beaucoup de monde attend. Plats pour les végétariens (4 €), quelques poissons et des viandes (entre 5 et 7 €). La salle est décorée de posters de soirées, d'annonces de ventes de voitures… En quelque sorte ces murs sont un calendrier des événements à ne pas rater sur l'île. Très sympa.

OUT OF TIME PEOPLE

C/ Jaime I, 2 (Plaza del Parque)
Paseo de Vara de Rey – Ibiza Ville
✆ 971 39 23 21
www.outoftimepeople.net
Situé juste à côté du Patio, voici un lieu qui n'a rien d'ordinaire. En plus de proposer toute une sélection de cafés, thés et de jus de fruits frais, vous y trouverez des livres, des vêtements, et aussi un DJ. La carte du restaurant s'intitule « Slow Food », s'opposant ainsi aux concepts des fast-foods, avec au menu, un large choix de plats végétariens raffinés. Très agréable pour y boire un coup !

SALUS

Plaza del Sol, 1
Dalt Vila – Ibiza Ville
Situé au niveau des remparts, la terrasse surplombe la ville d'Ibiza. Vous reconnaîtrez facilement à l'aide de la décoration extérieure des murs : de nombreux instruments de musique y sont exposés, des roues de charrettes ainsi que des vieilles casseroles en cuivre. La cuisine est correcte ; comptez entre 15 et 25 € pour un repas complet. Pour les fans de tango, n'hésitez pas à demander du Carlos Gardel, les serveurs en sont friands.

Bonnes tables

■ EL OLIVO

Plaza de Vila, 7. Dalt Vila – Ibiza Ville
✆ 971 30 06 80
www.elolivoibiza.org
Ouvert d'avril à octobre, seulement en soirée. Fermé le lundi. Comptez 40 € par personne. Cuisine à base des produits locaux. Au fond de la place, vous reconnaîtrez facilement le bon goût de Pierrick, un Français, qui a rénové son intérieur et sa terrasse. Il a su trouver le bon compromis : raffinement et bon rapport qualité-prix. Une carte française alléchante et recherchée proposant tartare de bœuf (9,20 €), aile de raie d'Ibiza aux câpres (15,20 €), parmi d'autres plats piochés au milieu d'une vaste carte. Etant l'un des meilleurs restaurants de l'île, il est indispensable de réserver l'été.

■ CAN DOMINGO DE CAN BOTJA

Bien indiqué sur la route de San José à Ibiza (km 9,8) ✆ 971 80 01 84
Ce restaurant est tenu par un jeune chef français qui propose une cuisine française raffinée et inspirée des saveurs du monde. Vous dînerez dans un jardin fleuri illuminé. Une adresse « coup de cœur ».

■ EL RINCON DEL PUERTO

50, carrer d'Eming
La Marina – Ibiza Ville
✆ 971 31 46 65
rincondelpuerto@hotmail.com
Ouvert toute l'année en soirée, jusqu'à 1h en hiver et jusqu'à 3h en été. Comptez 25 €. Cuisine italienne et méditerranéenne. Pâtes fraîches faites maison, ce restaurant a pris place dans une ancienne bodega aux pierres apparentes, ce qui rend le cadre très chaleureux. Ambiance décontractée et accueillante.

■ EL SOLEADO

Paseo Ses Pitiusas,
Playa de Figueretas
Quartier de Figueretas – Ibiza Ville
✆ 971 39 48 11
Ouvert tous les soirs de mai à octobre. Comptez environ 20 € pour un plat et un dessert. Excellente cuisine française d'inspiration provençale (tartare de poissons aux agrumes, carré d'agneau rôti au thym...).

Les meilleures adresses pour déguster de bonnes glaces

La plupart des glaciers qui ont leurs emplacements sur le port se reconnaissent facilement grâce à leurs grandes terrasses. Ils proposent pour la plupart une multitude de parfums qui satisferont toutes sortes de gourmandises.

En été, vous dégusterez les glaces Los Valencianos (5, carrer Antonio Riquer. ✆ 971 31 10 67), sur une grande terrasse du port, au cœur de la movida nocturne. Cette terrasse peuplée d'Espagnols en soirée, marque le passage entre les heures normales des résidents et habitants du centre-ville qui rentrent chez eux vers minuit et les heures de sortie des estivants qui commencent leurs folles nuits. Ambiance sympathique et décontractée. Spectacle assuré des passants. Une autre excellente adresse sur l'avenida Santa Eulalia (toujours face au port), la Gelateria Miretti ✆ 971 31 08 55.

Vous dînerez les pieds dans l'eau sur la charmante terrasse qui vous offrira une superbe vue. Un cadre agréable loin de la foule. Un des restaurants les plus renommés de l'île.

LA BRASA

C/Pere Sala, 3 ✆ 971 30 12 02
Paseo de Vara de Rey – Ibiza Ville
labrasa@arrakis.es
Ouvert toute l'année. De 13h à 15h30 et de 19h30 à 1h ; et en été sans interruption. Fermé le dimanche à midi. Comptez de 30 à 35 €. Un petit restaurant en plein centre-ville à côté de la Plaza del Parque, qui mérite votre visite pour la beauté de son patio et de ses jardins. Un endroit calme au milieu de la foule et une clientèle variée. Vous dînerez sous un palmier géant. Cuisine méditerranéenne. Viandes grillées et poissons. Large choix de desserts et de glaces.

LE CAS MALLORQUI

Situé sur la petite plage du « port » de Portinatx
Ce restaurant compte une très belle terrasse et parmi les bons restaurants de poisson de l'île. Magique, le soir, quand le soleil se couche.

LA RASPA

Marina Botafoch, Paseo marítimo
Ibiza Nueva – Ibiza Ville
✆ 971 31 18 10
Ouvert toute l'année de 13h à 16h et de 20h30 à minuit. Fermé le midi de juin à septembre et fermé le lundi d'octobre à fin mars. Comptez 45 € par personne sans le vin. Restaurant installé sur une grande terrasse à l'extérieur en été. Très joliment décoré, à côté des bateaux et des yachts, les tables jouent avec le blanc et le bleu. Le restaurant de poisson par excellence. Délicieuse cuisine.

RESTAURANT CAN JURAT

Situé juste à côté de l'église San Jordi ✆ 971 39 57 23
Ouvert de midi à minuit. Il vous propose des spécialités ibiziennes comme le riz et les fideuas, cuisinés avec des sauces délicieuses. C'est à quelques pas d'ici que se trouve l'hippodrome où, tous les samedis, se tient le marché, nommé mercadillo, étalant denrées et produits les plus divers.

SAVORS

Marina Botafoch. Ibiza Nueva – Ibiza Ville ✆ 971 19 39 34
Pour un petit déjeuner, entre 9h et midi. Pour le déjeuner entre 13h et 16h30 (tapas entre 3 et 9 € ou sandwich entre 2 et 5 €). Pour le dîner de 19h à 1h, comptez alors entre 40 et 60 €, sans le vin. Adresse de qualité (le restaurant appartient à l'hôtel Relais & Châteaux) à l'ambiance très agréable, et particulièrement le soir avec toutes ses bougies.

Luxe

EL DIVINO

Puerto de Ibiza Nueva Ibiza Nueva Ibiza Ville
✆ 971 19 01 77
www.eldivino-ibiza.com
Ouvert tous les soirs à partir de 21h de fin avril à fin septembre. Comptez 60 à 70 € pour un bon repas (vin non compris). Langoustines à la vapeur de curry (18 €) ou épaule d'agneau caramélisée aux pommes de terre creuses (29 €)... Situé sur une avancée sur la mer, ce bâtiment, peint en ocre, offre un très beau point de vue sur la vieille ville, dans une ambiance « beautiful people ». Le service est lent, soyez patient ; vous êtes en fait sur les lieux de la boîte El Divino.

Portinatx.

On mange en terrasse, et on danse à l'intérieur. La cuisine s'arrête à 1h, vous avez alors l'entrée libre pour la discothèque.

■ **L'ATZARO**

Route de San Juan à Ibiza, km 15 à San Lorenzo.

Comptez entre 30 et 70 €. Un endroit magique qui vous donnera l'impression de vivre un conte de fée le temps d'un repas ou d'un séjour. Un restaurant qui propose une cuisine aux saveurs provocantes.

Sorties

Toutes les nationalités et tous les styles se mêlent et se superposent dans la vieille ville d'Ibiza durant la nuit. Vers 21h, les bars se remplissent, c'est peut-être l'heure où il y a le plus de monde dans la rue entre ceux qui sortent pour dîner, ceux qui en sont à l'apéro et ceux qui flânent… Comme à Saint-Tropez, on se promène en famille le long des quais pour admirer les yachts, ou tout simplement pour raccompagner les amis aux bateaux et ferries qui vont quitter le port vers 22h.

Spectacle incessant : des files de voitures, l'arrivée des bateaux venant de Formentera, des jeunes, des vieux, des saltimbanques, des danseuses chinoises qui jouent les poupées, des personnages extravagants annonçant les réjouissances de telle boîte de nuit… A 1h, tout est possible : prendre une glace sur la terrasse du Valencianos, vider un verre, faire ses courses ou du lèche-vitrines.

C'est l'heure à laquelle les citadins permanents rentrent chez eux après avoir pris le frais dehors, tandis que la faune noctambule part vers ses lieux de prédilection… Mais attention ! A Ibiza, les lieux nocturnes ne déménagent pas, ce sont les noms qui changent. Nous vous donnons ici la liste des établissements les plus réputés qui ont su résister aux vents imprévisibles des tendances.

Bars

■ BAR ARTE

Carrer d'Enmig, 37, La marina
✆ 639 74 79 70
Ouvert d'avril à fin octobre, tous les soirs de 19h à 4h. La spécialité de ce petit bar situé dans une ruelle piétonne est le cocktail de fruits frais. Mojito (excellent) 8 €, Caipirissima à la mangue, Sangria 4 € le verre, Ti-punch 8 €. Tenu par des Français depuis 10 ans, le bar est très sympa et les verres bien remplis. Pour chaque cocktail acheté, un chupito offert.

■ MAR Y SOL

Paseo marítimo
1, Carrer Luis Tur y Palau.
Sur le port, La marina
✆ 971 31 52 34
Ouvert toute l'année, tous les jours, de 7h30 à 2h du matin. Son annexe, Le Zurito (petits déjeuners complets à 8 €), reste également ouvert jusqu'à 2h et attire une clientèle un peu plus jeune. Très à la mode, le must des terrasses du port pour l'apéro. Glaces maison, cocktails entre 5 et 6 €, viennoiseries, tartes ou encore pizzas, salades, sandwichs. Endroit idéal pour voir le défilé de la Jet-Set et des drag-queens des boîtes affichant le programme de la soirée.

■ MONTESOL

Paseo de Vara de Rey
Un grand bar d'hôtel avec terrasse sur Vara del Rey, pour voir et être vu. C'est l'endroit où il faut immanquablement prendre son petit déjeuner… vers 11h, pas avant (délicieuses ensaimadas). Très élégante la journée, la terrasse perd un peu de sa superbe vue la nuit tombée et l'intérieur du café allumé.

Bars de nuit
Bars musicaux

Les bars musicaux et les restaurants-boîtes, souvent très animés, proposent un type de sortie différent de celui des discothèques.
Le public est moins jeune, mais l'on y observe de nombreux et fringants quadragénaires qui parfois fraternisent avec la génération de leurs enfants. En bref, un public de tous âges pour ces lieux de copas, pour employer le terme qui les désigne. Le Mar y Sol, Tango, la Biela, le Zoo, sont les plus connus.
Promenez-vous dans les différents quartiers de la ville, et faites votre choix. Les rues et ruelles regorgent de petits bars branchés.
Evitez cependant ceux de la rue Zuloaga, sur le port. Des racoleurs(euses) vous font payer cher des promesses d'entrées gratuites dans les meilleures boîtes.
Evitez aussi les rues hautes du quartier de la Penya, vers les murailles. Ces bars ferment en théorie vers 3h mais nous sommes à Ibiza et tout reste possible !

■ BLISS

Plaza del Parque, 1
Paseo de Vara de Rey
✆ 971 39 87 89
Ouvert toute l'année, de 9h à 4h du matin (et en hiver jusqu'à 2h). C'est le café le plus branché de la place. Resto-bar ambiance baba et reggae.
Armel, un Français installé à Ibiza tient beaucoup à sa clientèle de résidents. On peut prendre son petit déjeuner et casser la croûte (tapas de 2 à 5 € ou sandwich de 7 à 10 €) et boire des cocktails (7 €).

KEEPER DISCOBAR

Paseo Juan Carlos I
Paseo marítimo, près des boîtes Ibiza-Nueva. A 200 m du casino
Ouvert tous les jours excepté le dimanche. Un bar de nuit à la mode depuis quelques années. Bondé d'Espagnols qui apprécient les copas en plein air, et l'animation se prolonge tard dans la nuit. Le before idéal avant de se rendre au Divino ou au Pacha.

TANGO

Calle Pou, 8, La marina
Ce bar, doté d'une ambiance cosmopolite appartient en fait au Divino. Vous l'aurez donc compris, c'est un endroit parfait pour un début de soirée ! DJ, élection de miss et mister, tous les éléments pour passer un bon moment sont réunis.

TEATRO PEREYRA

Carrer Rosello, 5
Paseo de Vara de Rey
✆ 971 30 18 11
www.teatropereyra.com
Musique live, jazz et DJ : ambiance assurée tous les jours. La terrasse est installée sous les alcôves. L'intérieur est plus intime, petites tables en bois avec une lumière feutrée par des bougies. Ce bar très cosmopolite a pris place dans l'ancien théâtre de la ville. Vraiment fréquenté qu'à partir de 1h, il est cependant ouvert presque en continu.

ZOO

Plaza Mariano Riquér, La marina
www.zooibiza.com
Ouvert en soirée à partir de 19h. Immense terrasse juste en face du port d'Ibiza. L'endroit est parfait pour déguster un cocktail, acheter des entrées à prix réduit pour les grandes boîtes de nuit. Toujours rempli de monde, l'ambiance du port d'Ibiza se reflète parfaitement dans ce bar, qui est également connu pour la vente d'entrées en boîte de nuit. A côté du Zoo, La Biela fait aussi partie des bars qui animent sans cesse le quartier de la marina d'Ibiza.

Cinémas

Pour ceux qui cherchent un peu de tranquillité ou qui ne peuvent se passer de leur séance hebdomadaire : Ciné Serra sur Vara de Rey ; Cinéma Cartago Via Punica ; Cinéma multisalles Ibiza sur le premier rond-point (cinturon de ronda) de Can Misses, cinq salles récentes.

Entrées futées

Les prix pour entrer dans la plupart des boîtes de nuit de l'île peuvent en refroidir plus d'un ! Plusieurs stratégies permettent d'en trouver des moins chères voire même des gratuites ! Une astuce est de repérer et se faire repérer par les « ambassadeurs » d'une boîte qui viennent se montrer en ville le soir, vêtus selon le thème de la soirée et qui distribuent avec parcimonie des entrées gratuites. Le port d'Ibiza regorge aussi d'opportunités. Il suffit d'y aller pour se faire harceler de vendeurs ambulants qui proposent des tarifs réduits, mais pas les meilleurs ! Certains bars offrent également jusqu'à 50 % de réduction à la seule condition d'une consommation dans leur établissement. Les entrées gratuites sont évidemment intéressantes, mais elles ne sont valables que tôt dans la soirée et la boisson n'est pas comprise ! Vous en trouverez dans certains magasins ; mais aussi sur certaines grandes plages où les discothèques font parader une vingtaine de personnes, les poches remplies d'entrées à distribuer.

Discothèques

Les nuits ibiziennes, de réputation internationale, se prolongent souvent au-delà du petit matin. Beaucoup ne viennent que pour ça. Mais attention, il faut prévoir un budget pour les discothèques…

Comptez 45 €, un peu moins si vous achetez vos places en début de soirée dans certains bars. Des soirées spéciales sont organisées presque chaque soir de la semaine, des affiches placardées dans la ville vous annoncent le programme de chaque boîte. Des fêtes ont lieu tout l'été avec différents programmes : shows, défilés de modèles… L'ambiance commence à être chaude vers 2h.

➜ **Parmi les soirées à ne pas manquer :** la Flower Power du Pacha. Musique des années 1960 à nos jours, fleurs à l'oreille et pancarte pour une sexualité libérée : ambiance « peace and love » unique en son genre une à deux fois par mois en été. Ou la soirée phare du Privilège, le lundi soir (Manumission), qui défraie régulièrement la chronique depuis 1995. Une soirée où des personnalités se prêtent à des jeux érotiques.

■ EL DIVINO

Paseo marítimo d'Ibiza
Puerto de Ibiza Nueva,
Marina Botafoch © 971 19 01 76
www.eldivino-ibiza.com
Ouvert toute l'année, capacité 1 000 personnes. Deux pistes de danse. Bar-restaurant et discothèque. Incontestablement, la plus belle terrasse de l'île face à la vieille ville. Un très beau décor signé Paolo Galia (décorateur du cinéaste Federico Fellini). Une clientèle très jet-set et une ambiance digne des boîtes sélectes parisiennes, deux zones de VIP, mais cela ne suffit pas toujours pour créer une ambiance. Sur la terrasse couverte, ambiance plus londonienne. A signaler que l'on peut s'y rendre gratuitement en barque à partir du vieux port (se renseigner auprès des charmantes hôtesses du Divino Café). Le taxi est gratuit à partir de n'importe quel lieu de l'île, à condition d'être au minimum 3 personnes et d'acquérir 3 entrées à 24 €.

■ PACHA

Derrière le Paseo marítimo
Avenida 8 de Agosto,
Marina Botafoch
© 971 31 36 12/00
www.pacha.com
Entrée : 35 à 60 €. Consommation environ 15 €. La bouteille : 300 € environ. Capacité : 3 500 personnes.
Ouvert tous les jours en été et le vendredi, samedi et dimanche en hiver, le Pacha est composé de 4 salles et donc d'autant d'ambiances différentes : musique latine et commerciale, hip-hop, funky et disco ou mix des DJ à l'affiche de la soirée. Sans oublier la terrasse, qui profite d'une vue agréable sur la Dalt Vila. C'est ici que l'ambiance commence le plus tôt pour se poursuivre jusqu'à très tard. L'une des boîtes les plus à la mode d'Ibiza depuis son ouverture en 1973, elle prônait l'expression libre du mouvement hippie et des hédonistes de la société espagnole.

Le Pacha propose également un hôtel et trois restaurants, de cuisine méditerranéenne. Celui qui est situé juste à côté de la discothèque vous permettra de vous faufiler jusque dans la boîte sans avoir à payer d'entrée. Informations au © 971 31 09 59

PRIVILEGE

Crta Ibiza à San Antonio
© 971 19 81 60/80 86
www.privilegeibiza.com
Située juste avant d'arriver à San Rafael. Grand parking, service de bus gratuit au départ de San Antonio et d'Ibiza. Entrée de 36 à 60 € selon la fête. Bière à 8 €. Boissons alcoolisées à partir de 11 €. Classée dans le Guinness des records comme étant la plus grande discothèque… (Tenez-vous bien) de la galaxie et de tout l'univers ! La capacité est de 7 000 personnes, mais avec ceux qui partent et ceux qui rentrent, il n'est pas rare de faire 15 000 entrées dans la même soirée. Un espace de 6 500 m² réparti en quatre salles dont une petite à l'extérieur, un petit jardin, 15 bars et une piscine accueillant les DJ en son centre. Au plafond un décor original : une toile de parachute, un avion et quelques lustres anciens.

SPACE

Playa d'en Bossa © 971 39 67 93
www.space-ibiza.es
Ouvert le matin jusqu'à 12h à 16h, dès le début du mois de juin, plus tard s'il y a de l'ambiance. La nuit, de minuit à 6h, le mardi, jeudi et dimanche. Il n'est pas rare l'été de dépasser ces horaires l'après-midi. Entrée : de 30 jusqu'à 60 €, consommation à partir de 8 € (bière). Capacité 2 500 personnes dans la salle et 1 000 personnes sur la terrasse. Pratiquement pas de lumière dans la grande salle, techno à fond les décibels, ambiance Terminator. On peut préférer la terrasse, sous une grande voile, pour avoir un peu d'air. La matinée du mardi est à essayer, le mélange entre ceux qui ont commencé la fête la veille, les touristes à peine réveillés, et le passage de ceux qui viennent boire un pot pendant le travail est assez amusant. Ce lieu est unique au monde d'abord par sa clientèle extravagante et son sound system. A l'intérieur techno progressive, trance, et sur la terrasse, deep house. L'after le plus célèbre du monde.

Gay et lesbien

Une seule rue dans le quartier de Sa Penya, la carrer Virgen, bars, restaurants : vous aurez l'embarras du choix. Parcourez toute la rue pour vous mettre dans l'ambiance et repérez le bar qui sied le mieux à votre humeur du jour, il y en a de tous les styles. A noter, près du vieux marché, s'il n'y avait qu'une adresse à retenir :

DOME

Calle Alfonso XII
Sa Penya © 971 31 14 56
Ouvert les week-ends à partir d'avril et tous les jours à partir de mai jusqu'à octobre. Le Dome est LE bar branché par excellence. Tout se passe à l'extérieur sur la grande terrasse. Bar troglodytique à la décoration d'inspiration baroque et profane. Endroit spécial pour gens très spéciaux. Clientèle mixte et branchée.

Spectacles érotiques

Le quartier de Figueretas est spécialisé dans les shows érotiques (comme le Club Okey, classé n° 1 parmi les clubs de sa catégorie. 15, carrer Galicia © 971 39 99 45). Sachez que le port d'Ibiza est l'endroit privilégié pour les débuts de soirées animés, aussi bien en famille qu'entre amis. Playa d'En Bossa, très proche de Figueretas, regorge également de bars, pubs et discothèques où il est parfaitement envisageable de passer un bon moment.

Artisanat - Shopping

Artisanat

L'artisanat des îles est très vaste. Ici ou là, vous trouverez les incontournables chaussures, cuirs ou accessoires qui sont devenus de grandes marques en Espagne : Yanko, Camper, Lotusse ou Patricia… Ces marques restent encore intéressantes à l'achat car leurs usines ou leurs sièges sociaux sont installés aux Baléares.

Maroquinerie, sacs, vestes en cuir, ceintures, sont en vente dans tous les magasins spécialisés. A Ibiza, si de nombreux artisans travaillent le cuir, vannerie et sandale en corde demeurent la marque de fabrique de l'île.

On peut aussi trouver des objets en terre cuite ou en céramique, ainsi que des perles. Les broderies locales, entièrement faites à la main, sont d'une finesse très appréciée par les amateurs, ce qui explique leurs prix relativement élevés.

Par ailleurs, quelques rares produits alimentaires sont meilleur marché que dans le reste de la péninsule Ibérique. L'île regorge en saison de beautiful people. L'image et le paraître ont une grande importance mais, paradoxalement, il est de bon ton d'opter pour une attitude désinvolte doublée d'un certain je-m'en-foutisme, car s'il est vrai que tout le monde s'observe, il n'en est pas moins vrai que tout le monde se tolère. Ibiza est indiscutablement la plus fashion des îles de l'archipel : dreadlocks, tatouages, piercings, maquillage outrancier… Il n'y a pas une mode dans la capitale de la fête mais une diversité de styles, le seul mot d'ordre étant l'extravagance.

A l'heure actuelle, les magasins de mode se sont multipliés et reflètent bien le mélange des cultures européenne, américaine et asiatique. Depuis les années 1960, la mode ibizienne a été influencée à la fois par l'habit traditionnel (qui reste encore porté par des Ibicencas et par les personnes âgées, surtout dans les petits villages), et par la liberté du mouvement hippie. Ibiza présente un mélange de liberté et de tolérance bien illustré dans le domaine de la mode ad-lib (du latin ad libitum) créée voilà une vingtaine d'années par Smilja Mihailovitch, qui lança le mot d'ordre : « *Viste como quieras pero con gusto* » (Habille-toi comme tu veux, mais avec goût). Aujourd'hui, cette mode d'Ibiza se vend bien. D'un style très personnalisé, elle atteint un niveau international grâce à des créateurs comme Elena Deudero, Maru García, María M., Marta Raffo, Teresa Bermejo. Sur place les boutiques ne manquent pas. Avis aux amateurs.

Shopping

Complément de la vie nocturne, la mode a rassemblé nombre de créateurs au cours des vingt dernières années. Reflet du cosmopolitisme d'Ibiza, la mode donne dans tous les goûts et ne craint pas les excès. Les innombrables fêtes de la nuit exigent des tenues bien particulières que l'on

Les marchés hippies d'Ibiza

Ibiza est connue non seulement pour ses nuits animées, ses plages bordées d'une mer turquoise mais aussi pour ses fameux marchés hippies nés au début des années 1970.

A Ibiza, le long de la marina, chaque soir, des petits stands s'installent et vous proposent bijoux, peintures et divers souvenirs. Ce marché n'a pas grand-chose de hippie, mais ressemble plutôt à tant d'autres que vous aurez eu l'occasion de croiser sur vos lieux de villégiatures.

A Es Canar se tient tous les mercredis le Hippie Market. Ce marché n'est hippie que par son nom. Vous y trouverez une multitude de produits de contrefaçon de marques de luxe, des tee-shirts fabriqués en série et beaucoup d'autres objets faisant office de souvenirs. Tous les hôtels proposent cette excursion à leurs clients et les touristes débarquent par cars entiers. Si vous avez le courage et beaucoup de souvenirs à rapporter…

A San Carlos se tient tous les samedis le marché de Las Dalias, assurément le plus dépaysant. La plupart des marchands proposent des produits artisanaux qu'ils ont fabriqués ou qu'ils ont rapportés de leurs périples en Inde. De beaux produits variés pour la plupart (étoles, bijoux, vêtements, cuirs…), et les vendeurs sont décontractés. Vous pourrez même vous délasser devant un thé à la menthe, assis sur des coussins sous une tente à l'abri du soleil.

A San Jordi le samedi matin se tient un marché aux puces ou de plus en plus de hippies essaient de vendre leur marchandise. Intéressant pour ceux qui aiment l'ambiance vide-greniers.

trouve au centre-ville. Le quartier du port, surtout du côté de la marina, abonde en magasins très variés. La maroquinerie reste intéressante à Ibiza, la bijouterie également : le choix est grand et les prix sont libres. En général, la mode ad-lib est bien exposée dans les vitrines des magasins de vêtements et d'accessoires situés près du port (carrer Mayor, carrer de la Virgen et dans les ruelles du quartier).
Les magasins restent ouverts en été jusqu'à 1h30. De nombreux artisans et bijoutiers du type mercadillos ou marché hippie s'installent aussi en soirée dans les rues du port et plient bagage très tard. Le quartier de Vara de Rey, également commerçant, propose un bon nombre de boutiques, sans oublier la carrer Aragón et la ville moderne, où tout ferme entre 20h30 et 21h. Nombreux magasins d'artisanat ibizien pour cadeaux et souvenirs. Pour tous les goûts et tous les âges. Les spécialités pâtissières comme le flao, les ensaimadas, les oreillettes, les cocas, et les tortas (couronnes de pâte feuilletée très légère) ou la graixonera sont en vente dans toutes les pâtisseries, notamment chez Los Andenes, sur le port, ou à côté de Mar y Sol. Dans le quartier espagnol, moins touristique, on mentionnera La Canela, Las Marías, Flor y Nata et Forn Can Sans.

Artisanat du cuir

■ ARNES

Tienda de cuero, C/San Antonio, 9
© 971 30 37 17
Dans la ruelle qui monte de Plaza de Vila à Plaza del Sol de la ville d'Ibiza.

Un véritable artisan expose son travail dans un cadre très soigné, dont des superbes pièces en cuir, et réalise des sandales sur mesure. Mérite le détour.

KANKOKAS

Aussi… A San José, beaux articles de cuir et de daim dans un petit magasin très fréquenté et apprécié. Egalement coton et lin.

SANDAL SHOP

Plaza de Vila, Ville d'Ibiza

Artisanat du cuir de la ville d'Ibiza (parmi d'autres boutiques). Clientèle internationale pour des modèles d'excellente facture.

Marchés

→ **Le mercat de Clot-Marés de San Antonio,** entre les rues Progreso et Mallorca, pour tout achat de nourriture et pour son ambiance espagnole (plus intéressante que le petit supermarché du coin). Au centre-ville, également de nombreux magasins de souvenirs et d'artisanat, dont les prix sont moins élevés qu'à Eivissa (T-shirts). Soyez futé, allez là où vont les Espagnols, même si vous ne parlez pas la langue de Cervantès.

→ **Le marché artisanal de Santa Eulalia del Rio.** Tous les jours sauf le mercredi et le dimanche, sur la Plaza de España, à partir de 10h. Deux autres adresses, si vous souhaitez flâner en dehors du marché : le caviste de la calle San Vicente qui dispose dans ses rayons de beaucoup de whiskies et d'un très grand choix de vins, champagnes et autres alcools à prix raisonnables. Et Tot Test, Carretera de Santa Eulalia, km 2,5, qui propose des céramiques décoratives d'Ibiza et de toute l'Espagne.

→ **Mercado de artesanos.** Tous les jeudis de 18h à 22h, au pied de l'église du village de San Miquel. Ce marché est le fruit d'une coopération entre artistes et artisans. Vous y trouverez peintures, poteries, sculptures et céramiques, ainsi que des bijoux, des macramés, des vêtements et bien d'autres produits issus de l'artisanat local. Les gourmands craqueront peut-être devant une sobrasada, un flao ou encore un fromage ou un miel local.

Mode

CANTONADA

C/Conde Rossellon, 100. Ville d'Ibiza
© 971 31 04 22

Le magasin de mode le plus chic d'Ibiza, considéré comme ad-lib à ses débuts. Une confection locale qui a su choisir les tissus les plus frais.

SHAMBALA

Ville d'Ibiza
C/Vicente Cuervo, 8 et 14
Un autre magasin dans la Dalt Vila au C/San Ciriaco, 3A
© 971 19 08 48
shambalaibiza@hotmail.com

Des vêtements, pour la plupart ramenés d'Inde, mais aussi des piercings, des objets de décoration… Le tout dans un univers hippie de l'Ibiza des années 1960. Les propriétaires ont également un stand au marché hippie d'Es Canar (tous les mercredis).

VICTOR

Ville d'Ibiza. Calle Mayor, 42 (Carrer d'Enmig) © 971 31 08 09
Ou sur la route de l'aéroport

Une griffe de chemises, née à Ibiza, pour une clientèle internationale. Beau et pratique. Grand choix. Pour ceux qui peuvent, attendez les soldes d'octobre ! Conseil futé !!!

Cap Formentera.

Formentera

Route principale
Route carrossable
Chemin
Côte rocheuse
Site archéologique
Tour
Phare
Moulin
Plage
Station service
Commerce
Club de plongée
Point de vue
Itinéraire pédestre
Itinéraire cyclable
Village et habitation
Guardia Civil
Punta d'es Pas
Plage du Levant
Punta de la Pedrera
La Savina
Etang d'es Peix
Etang Pudent
Punta Prima
Es Pujols
Tour de la Punta Prima
Ca na Costa 1800 av. JC
Punta de la Gavina
Can Marroig
Tour de la Gavina
Guardia Civil
Station service
Station service
Supermarché
Cala en Baster
SANT FERRAN
SANT FRANCESC DE FORMENTERA
Sa Miranda
Punta Rasa
Cala Saona
Tour des catalans
Es ca Mari
Es mal Pas
Plage de la Tramontane
Punta de Sa Creu
Racó de Sa Pujada
Ses Clotades
Punta d'es Estrips
Can Parra
Torrent de s'Aiga
Plage de Migjorn
Es Caló
Es Arenals
Es Mirador
El Pilar
Phare de Formentera
Club de plongée
192 m.
Punta d'es Cingle Mal
Es Copinar
Escaló d'es Mort
Cala Codolar
Torrent Fondo
es Ram
s'Estufador
Punta Roja
Tour du Cap
Phare
Punta d'es Garroveret
Cap de Barbaria
N
0
3 km

Escapade à Formentera

L'île de Formentera, lieu préféré d'excursion des résidents et des vacanciers d'Ibiza, est suffisamment petite pour envisager d'en faire le tour en une journée. Mais la diversité de sa côte et la poésie de ses petits villages vous feront regretter de ne pas lui avoir consacré plus de temps. L'île offre de nombreuses possibilités d'excursions à pied, à vélo (à oublier dans la chaleur estivale !) ou à scooter. Vous en trouverez le détail, en plusieurs langues, dans le dépliant Circuits verts disponible à l'office du tourisme situé sur le port de la Savina (on y parle français).

Formentera est la plus petite des Baléares, la Pitiusa menor. Comparée à Ibiza, la Pitiusa mayor, Formentera garde une personnalité qu'elle s'efforce d'affirmer. Cependant, son rôle de petite sœur n'est pas toujours facile à vivre. Avec une superficie de 83,2 km^2, sans compter les deux lacs intérieurs, Estany Pudent et Estany de Peix, Formentera mesure 23 km de longueur sur 17 km de largeur. A certains endroits, l'île n'est large que de 2 ou 3 km. Sa population, qui compte à peine 8 442 habitants, vit principalement de l'agriculture et du tourisme. Le climat est doux en hiver, chaud et sec en été, avec une température moyenne annuelle de 18,6 °C. Le vent souffle du nord, surtout en hiver. La quiétude de son littoral et le calme de ses petits bourgs sont les réponses exactes à ceux qui sont à la recherche d'une nature vierge, ensoleillée et baignée d'une eau pure. Le tout est en plus agrémenté de quelques estaminets qui n'ont pas bougé d'un iota depuis cinquante ans.

Formentera.

L'île est, d'une manière générale, restée sauvage. D'un relief plat, elle offre trois types de paysages. En arrivant à La Savina, au nord, s'ouvre d'abord une région de salines, plate par définition. Sur l'étroite bande de terre qui va en direction de La Mola, le pays, tout en restant plat, devient agricole. Les champs y sont ouverts. Sur le plateau de La Mola (192 m) et sur le cap de Barbaria (107 m), des murets de pierre quadrillant l'île lui donnent un aspect bien particulier. Formentera possède aussi quelques petites zones forestières : le Río de la Plata de Mitjorn et le sud de La Mola.

L'habitat de Formentera reste dispersé malgré les petites concentrations urbaines : San Francisco Javier, la capitale administrative, San Fernando et El Pilar de La Mola. Ici encore, la population vit groupée autour de la petite église paroissiale.

Où sortir à Formentera ?

Voilà une idée qui peut paraître surprenante, voire incongrue aux habitants du coin. A Formentera, on ne sort pas. On se repose, on prend des forces pour pouvoir affronter les dures journées de farniente, les pieds dans l'eau… Les plus heureux y séjournent, conscients de cette vérité : il n'y a, en principe, rien à faire. Les consignes sont les suivantes : un grand respect pour la nature, paix et tranquillité. De plus Ibiza ne se trouve qu'à environ 30 minutes !

Toutefois, la nuit, les quartiers du port de la Savina et de la plage d'Es Pujols s'animent, les plus jeunes boivent un pot et terminent la nuit dans les discothèques, telles Magoo, carrer de Rocaplana.

La Savina est une agglomération dont l'activité reste liée à son port de pêche, tandis qu'Es Pujols, autre port de pêche, est devenu essentiellement touristique. Les maisons typiques sont rares et semblent en voie de disparition, car Formentera a toujours été peu habitée. Elles ont le charme de la maison plate ; leur modeste architecture en pierre a la même couleur que le sol. Le toit, peu incliné, est recouvert de tuiles. Quelques ornements à la chaux décorent les façades. Les volets des fenêtres sont souvent peints en bleu vif. On aperçoit encore quelques moulins à vent à La Mola, à San Fernando et à San Francisco.

Formentera, c'est surtout la mer. Omniprésente, elle prend toutes les couleurs du bleu selon les profondeurs des fonds et la luminosité du ciel.

Elle borde des plages de rêve de son eau cristalline et envahit les grottes calcaires (que l'on voit seulement en bateau) de cette même transparence turquoise.

Transports Pratique

Cette escapade est facilitée par les nombreux bateaux qui proposent l'aller-retour dans la journée depuis toutes les plages du sud d'Ibiza.

Le bateau reste le seul moyen d'atteindre Formentera. Des navettes partent tous les jours d'Eivissa, de Santa Eulalia, d'Es Canar et de San Antonio. Les prix varient de 13 € l'aller-retour à 34 € selon les compagnies et la durée du trajet, de 25 à 45 minutes. C'est la compagnie Balearia qui assure le plus fréquemment la liaison avec un départ toutes les demi-heures environ,

départ qui se fait du port d'Eivissa. La solution la plus économique est de partir de Playa d'en Bossa. Un bateau vous amènera pour 13 € l'aller-retour à la plage de Illetas, mais il n'y a que 2 ou 3 départs par jour et à Illetas, vous serez certes sur un paradis, mais un paradis au milieu de nulle part. Mieux vaut arriver au port de la Savina et louer un scooter pour faire le tour de l'île. Si vous souhaitez faire la traversée en été avec votre voiture, il est préférable de réserver.
Pour vous rendre à Formentera, vous aurez donc le choix entre de nombreuses compagnies. A Eivissa, les tickets s'achètent au guichet, avenida Santa Eulalia, en face du Burger King ou à bord pour quelques compagnies. Il existe également plusieurs services de taxi maritime assurant la liaison Ibiza-Formentera 24h/24.

© HERVÉ BERNARD - ICONOTEC

Phare, Formentera.

■ **INFORMATIONS TAXIS MARITIMES**
✆ (608) 63 05 69
✆ (607) 14 37 01

■ **GARE MARITIME**
✆ (971) 31 44 86
Bureaux aux Puerto de La Savina
✆ (971) 63 06 27

Location de bateaux

■ **BATEAU TAXI**
✆ (971) 32 28 36
Service rapide, excursions pour la pêche et tours de l'île en bateau.

■ **FORMENTERA RENT A BOAT**
✆ (607) 14 37 01
Location de bateaux avec ou sans skipper. Excursions.

■ **MOTOVELERO LAURA**
✆ (971) 32 24 72
On parle toutes les langues. Vous pourrez louer un bateau à 730 € par jour, qui accueille jusqu'à 12 personnes.

■ **BARCA YAYA II**
✆ (609) 84 71 86
Excursions nautiques et pêche.

Voile, plongée

■ **CENTRO DE BUCEO VELLMARÍ**
Avenida del Mediterraneo, 90
✆ (971) 32 21 05

■ **FORMENTERA DIVING AND WATERSPORTS**
✆ (971) 32 32 32

La Savina

À voir - À faire

C'est de là que vous ferez vos premiers pas sur l'île. En effet, les bateaux en provenance d'Ibiza accostent au port de La Savina. Vous y trouverez la plupart des agences de location de voiture, motos et vélos. Un petit marché hippie s'installe tous les jours en face de l'hôtel Bahia. Il n'y a pas grand-chose à y faire, mais c'est le point de départ pour pouvoir ensuite se déplacer à sa guise sur le reste de l'île.

■ **LES LACS NATURELS ESTANY DES PEIX ET ESTANY PUDENT**
Classé réserve naturelle, on peut y admirer diverses espèces d'oiseaux migrateurs.

Platja de Illetes

Longue bande de roche et de sable, la punta des Borronar accueille non seulement le restaurant le plus chic de l'île (Es Muli de Sal) mais aussi les plages les plus fréquentées. Le sable y est particulièrement fin et blanc. Selon l'envie, le vent ou la foule, on choisira l'un ou l'autre côté de ce fin cordon littoral pour étendre sa serviette soit sur la playa de ses Illetes soit sur celle de Llevant.
Nous vous conseillons de commencer la visite de l'île par cet endroit car, passé 11h, il y a vraiment beaucoup de monde. Les bateaux d'excursions en provenance d'Ibiza font escale ici avant de gagner La Savina, et nombre de touristes en profitent pour s'installer directement sur le sable.
En continuant à pied vers le nord en suivant un banc de sable, vous pouvez passer à pied de l'autre côté d'un bras de mer peu profond (moins d'un mètre) pour gagner l'îlot rocheux d'Espalmador. De là, les amateurs de photographie auront de quoi fournir leurs albums ! Entre le bleu de la mer et du ciel, la roche ocre, les deux phares et Ibiza que l'on distingue parfaitement, le cadre est somptueux.

À voir - À faire

■ **CLUB-CENTRE NAUTIQUE**
Au bout de la plage
© (971) 32 29 99
Ecole de windsurf, ski nautique, ski aquatique…

Sant Francesc de Formentera

Sant Francesc est la capitale de Formentera. C'est en effet le seul village réellement digne de ce nom. Attention, nous n'allons pas jusqu'au point de parler de ville ! Peu d'hôtels, pas beaucoup plus de restaurants, mais toutefois une petite rue centrale avec des bistrots appréciés des gens du coin et quelques petites boutiques assez charmantes.

À voir - À faire

■ **LE MUSEE ETHNOLOGIQUE DE FORMENTERA**
C/Jaume I
Ouvert du lundi au samedi de 10h à 14h. Ce musée abrite une exposition permanente qui présente une bonne partie des ustensiles et outils de travail – des champs et de la mer – dont se sont servis les habitants de Formentera au fil du temps.

Tour de guet, Formentera.

EGLISE SANT FRANCESC XAVIER

La plus importante de l'île. Conçue à l'origine comme un réduit fortifié, sa construction a commencé en 1726 pour se protéger des nombreuses incursions des pirates qui envahissaient l'île.

CHAPELLE DE SA TANCA VELLA

Une petite chapelle rectangulaire, sans éléments décoratifs, où l'on retrouve la voûte de l'église primitive du XIVe siècle. C'est le premier sanctuaire chrétien de l'île.

GISEMENTS DE CAP DE BARBARIA

Il s'agit des vestiges d'un village de la première moitié du deuxième millénaire av. J.-C.

LES TOURS FORTIFIEES

Tours de garde construites au XVIIe siècle : Es Pi d'es Catal, Punta Prima, La Gavina, Cap de Barbaria et Espalmador, sur l'île du même nom.

PLATJA DE MIGJORN

La plage de Mitgjorn recouvre toute la côte sud de l'île. Elle s'étend sur environ 4 300 m, et regroupe les petites Calas telle Es Arenals, la playa Des Copinar...

Artisanat - Shopping

L'artisanat de Formentera est très réputé et offre des produits d'une grande qualité, comme des vêtements de laine, des articles de corde, en cuir... Certains artisans sont même devenus, grâce à leur talent, de véritables gloires locales.

ENRIC MAJORAL

Calle Archiduque Lluis Salvador, San Francisco, Ca'n Pep Riera, La Mola

Artisan bijoutier.

GABRIELET

Ca'n Gabrielet, La Mola

Artisan céramiste. Difficile de ne pas remarquer sa maison-atelier, même si des constructions nouvelles commencent à la cacher.

SALA DE CULTURA DE SAN FRANCISCO

Carrer de Ramón Llull, 9

Le lieu accueille souvent des expositions d'artistes peintres internationaux.

Es Arenal

Longue plage de sable fin, paysage idyllique tout comme le reste des criques de la Platja de Migjorn. Un peu de courant de temps en temps mais rien de dangereux, de plus, la plage est surveillée par un secouriste de la croix rouge en été.

À voir - À faire

■ LOCATION DE BATEAU

✆ (606) 73 24 63

En fonction de la capacité du bateau (Zodiac de 4 à 6 personnes), et de la saison, il faut compter entre 100 et 300 € pour une journée, de 9h30 à 18h.

Es Copinar

Longue plage de sable fin. Eau transparente et peu profonde, très fréquentée en pleine saison.

■ PLONGÉE SOUS-MARINE

✆ (971) 32 72 75

www.tauchen-lamola.de

Une sortie par jour à 9h30, il faut compter environ 1 heure de plongée. Bateau de 8 ou de 10 personnes, il faut appeler la veille pour réserver. Egalement possibilité de sorties nocturnes, pour les amateurs ou les confirmés, avec ou sans guide.

Es Calo

Petit village, avec quelques aménagements pour les bateaux de pêche. Pas de gros hôtels, ni de gros immeubles, beaucoup de rochers et quelques coins de sable. Il y a quand même une petite superette et quelques boutiques de souvenirs, mais l'endroit reste très agréable, certainement parce qu'il n'est que peu fréquenté.

À voir - À faire

■ CAMPAMENTO ROMANO DE CA'N BLAI

Il se trouve à Ses Clotadas, près d'Es Caló, au km 10 de la route qui va de la Savina à Sa Mola. Ruines d'une construction quadrangulaire avec cinq tours.

■ LES MOULINS

Il en reste quelques beaux spécimens sur l'île, comme celui de La Mola construit en 1778.

■ MIRADOR DE LA MOLA

Pour la vue panoramique de l'île.

■ LE MARCHE DES ARTISANS

Tous les dimanches, de fin juin à fin septembre, à La Mola (El Pilar), de 16h jusqu'à la tombée de la nuit (autobus spécial de La Savina à La Mola : départ 7h, retour 18h50). Sacs et objets en cuir, peintres, dessinateurs, fabricants de poupées locales, vêtements, brocante, musiciens ambulants, gâteaux, merguez et falafels, bijouterie fantaisie, etc. Du bon et moins bon. Mais dans cet étonnant bric-à-brac, une grande artiste, Lena Donner, tisserande suédoise qui a longtemps vécu à Paris avant de s'installer à Formentera dans les années 1970. Ses couleurs sont aussi admirables que ses matières (châles, couvre-lits, écharpes, etc.).

Es Pujols

C'est l'endroit le plus touristique et donc le plus fréquenté de l'île. Nous voici donc dans une vraie station balnéaire (qui n'a rien à voir avec les plus importantes de Majorque ou d'Ibiza, on est bien d'accord !). Hôtels, restaurants, animations, petit marché hippie le long du paseo maritimo. Si vous voulez faire la fête, Es Pujols est également l'un des rares endroits de l'île animé le soir.

À voir - À faire

■ TOMBE DE CA NA NOSTA

Monument mégalithique découvert en 1974, situé non loin d'Es Pujols, dans la partie orientale de l'étang dénommé Pudent. Il s'agit d'un monument funéraire : un couloir d'entrée, une chambre avec des pierres circulaires, dont la construction daterait, selon les experts, de 2000 av. J.-C.

Restaurants - Sorties

■ LUZIUS

Carrer Fonoll Mari, Playa Es Pujols
✆ (971) 32 84 17
Ouvert midi et soir, tous les jours. Comptez 20 €, sans le vin. Cuisine internationale. Situé au pied de l'hôtel Tahiti, pour dîner face à la mer, sur une des plus belles plages de l'île.

■ EL XUENO

www.xueno.com
C'est la discothèque de l'île la plus en vogue. Imitant les grandes discothèques d'Ibiza, vous apercevrez des affiches et pancartes indiquant le thème de la soirée et les DJ qui vous feront danser jusqu'à l'aube.

Sant Ferran

Sant Ferran est un petit village et n'abrite que très peu de restaurants. Ceux que vous trouverez ci-dessous appartiennent pour la plupart à la municipalité de Sant Ferran, mais se trouvent dans les environs du village.

© CANABI, HUGO - ICONOTEC
Formentera.

À voir - À faire

■ LA GROTTE D'EN XERONI

Carretera de Sant Ferran, km 6
Entrée : 3 €. Une salle de 750 m²!

Restaurant

■ RESTAURANTE EL MIRADOR

En montant la route de La Mola, à droite (attention, mal signalé)
✆ (971) 32 82 37
Ouvert d'avril à octobre. Comptez de 18 à 25 €. Un véritable site. Le bar et la terrasse en balcon, suspendus sur les hauteurs, offrent une superbe vue sur l'île. Cela mérite vraiment une halte (plutôt le matin pour les photos). Le restaurant est par ailleurs fonctionnel et bien tenu, avec une carte internationale et des spécialités régionales.

Cala Vadella.

Pense futé

Argent

L'Espagne a fait partie du « premier train » du passage à l'euro. Vous utiliserez donc à Ibiza la même monnaie qu'en France. Les pesetas se sont inclinées, mais, dans certains coins un peu retirés, l'affichage en pesetas subsiste ; pour les grosses sommes, les locaux font toujours la conversion dans leur tête ou à la machine à calculer… Si les billets en euros sont les mêmes quel que soit le pays qui les a émis, les pièces sont, quant à elles, particulières. Ainsi, en Espagne, l'écrivain Miguel de Cervantès fait figure de symbole pour les pièces de 10, 20 et 50 centimes et le roi Juan Carlos se trouve sur les pièces de 1 et 2 €. De façon générale, les Espagnols ont l'habitude de tout payer en liquide, portant sur eux la pasta (le fric) en liasses de billets.

Banques

Les banques sont ouvertes du lundi au samedi de 8h ou 9h à 14h (ou 13h pour celles qui ouvrent le samedi), et certains établissements (La Caixa, Caixa de Catalunya…) ouvrent le jeudi après-midi jusqu'à 17h. Pour éviter de partir avec beaucoup d'espèces, la carte bancaire est indiscutablement le moyen le plus efficace, d'autant qu'il y a des distributeurs automatiques partout. On peut aussi se faire envoyer des mandats télégraphiques dans toutes les postes.

Taux de change pour nos amis francophones

Les taux de change évoluant quotidiennement, nous vous conseillons de consulter votre banque ou de vous renseigner sur Internet. Les taux indiqués sont ceux de la fin 2008.

Cala Xarraca.

→ 1 € : 1,62 CHF / 1 CHF : 0,62 €

→ 1 € : 1,55 CAN$ / 1 CAN$: 0,65 €

Coût de la vie

Avec l'euro, les comparaisons sont faciles... Elles ne sont pas toujours à l'avantage du commerce de l'île. Si le passage à l'euro a fait augmenter les prix relativement plus en Espagne qu'ailleurs, l'île d'Ibiza reste assez chère, célébrité oblige ! Certains produits demeurent cependant intéressants ; c'est le cas des chaussures, de la mode ou encore de la poterie et de la vannerie. De nombreux magasins sont fermés hors saison.

Il y a de fortes disparités de tarifs tant pour les hôtels que pour les restaurants, le shopping ou les loisirs selon les endroits. Par exemple, en saison haute (juillet et août), le prix des hôtels est en moyenne multiplié par deux. Pour vous donner tout de même une idée approximative du budget qu'il vous faudra prévoir, un repas vous reviendra à 6 € au minimum, de 6 à 10 € dans un restaurant standard et à partir de 18 € dans un établissement plus chic.

Moyens de paiement

→ **Cash.** Si vous payez par carte bancaire ou retirez des espèces dans un pays de la zone euro, les frais bancaires seront les mêmes que ceux qui s'appliquent en France.

Le transfert d'argent. Avec ce système, on peut envoyer et recevoir de l'argent de n'importe où dans le monde. Le principe est simple : un de vos proches se rend dans un point Money Gram ou Western Union (poste, banque, station service, épicerie...), il donne votre nom et verse une somme à son interlocuteur. De votre côté de la planète, vous vous rendez dans un point de la même filiale. Sur simple présentation d'une pièce d'identité avec photo et de la référence du transfert, on vous remettra aussitôt l'argent.

→ **Cartes de crédit.** Les cartes de crédit internationales (Visa, Eurocard, American Express...) fonctionnent toutes et sont acceptées par la quasi-totalité des hôtels, restaurants et autres services liés au tourisme ; mais attention, dans certains petits commerces ou dans des villages perdus où l'argent liquide est souvent préféré, elles peuvent être refusées. D'autre part, les cartes de crédit ne sont pas pratiques si l'on veut vraiment retirer des quantités d'argent importantes. Les distributeurs de billets ne lisant que la bande magnétique et non la puce, un plafond pour les retraits est fixé à la semaine. Pour le connaître, renseignez-vous auprès de votre banque en France. Enfin, pour le paiement par carte bleue, en théorie, aucun code de sécurité ne vous sera demandé, une signature suffit. Ayez toujours sur vous une pièce d'identité. Cependant, les Espagnols étant moins habitués aux cartes à puce, il se peut parfois que l'on vous demande le code, le signature, et la pièce d'identité. Ne vous formalisez pas.

→ **Perte ou vol de carte.** En cas de perte ou de vol de carte bancaire, il faut contacter immédiatement le centre d'opposition pour les cartes. Faites ensuite votre déclaration de perte ou de vol auprès des autorités locales et remettez le récépissé à votre banque. Confirmez l'opposition par fax ou par lettre recommandée avec avis de réception à votre agence. Avant la perte ou le vol de votre carte, vous aurez pris soin de noter son numéro en lieu sûr.

Serveur vocal du groupement des cartes bancaires Visa, EuroCard et MasterCard ✆ (00 33) 892 705 705 ou (00 33) 836 690 880. Accessible 7j/7 et 24h/24.

En cas de dysfonctionnement de votre carte de paiement ou si vous avez atteint votre plafond de retrait, vous pouvez bénéficier d'un cash advance. Proposé dans la plupart des grandes banques, ce service permet de retirer du liquide sur simple présentation de votre carte au guichet d'un établissement bancaire, que ce soit le vôtre ou non (une pièce d'identité vous sera souvent demandée). En général, le plafond du cash advance est identique à celui des retraits, et les deux se cumulent (si votre plafond est fixé à 500 €, vous pouvez retirer 1 000 € : 500 € au distributeur, 500 € en cash advance). Quant au coût de l'opération, c'est celui d'un retrait à l'étranger.

→ **Chèques de voyage.** Le plus sûr demeure le chèque de voyage. Ce sont des chèques prépayés émis par une banque, valables partout, et qui permettent d'obtenir des espèces dans une banque ou de payer directement ses achats auprès de très nombreux établissements affiliés. Ils sont valables à vie. Leur avantage principal est l'inviolabilité : un système de double signature (la deuxième étant faite par vous devant le commerçant) empêche toute utilisation frauduleuse.
Traveller's cheques ou eurochèques sont en général acceptés dans toutes les banques et dans plusieurs agences de voyages. En cas de perte ou de vol, ils sont remplacés en 24 heures ou 48 heures (pensez à noter leurs numéros). A la fin de votre séjour, s'il vous reste des traveller's cheques, vous pourrez les changer contre des euros ou les restituer à votre banque qui les imputera à votre compte courant. A noter que le paiement par chèque classique est rarement possible à l'étranger.

Pourboire

Il se dit « propina » en espagnol. A la différence de l'Italie, le pourboire n'a rien de systématique. Mais il est bien sûr très apprécié par les serveurs.

Taxes et Duty Free

La T.V.A. (I.V.A.) varie entre 7 et 16 % selon les produits. Faites attention car elle n'est pas systématiquement comprise dans les prix affichés, dans les hôtels et restaurants notamment (7 %). Lorsque vous vous rendez aux Baléares comme dans tout autre pays membre de l'Union européenne, vous ne pouvez bénéficier du Duty Free (achats exonérés de taxes).

Décalage horaire

Pas de décalage horaire, de même que dans le reste de la péninsule Ibérique, mais le rythme de vie est totalement différent à cause de la chaleur. Entre 14h et 17h, le pays vit au ralenti. Les Espagnols sont des noctambules !

Formalités et douane

Formalités

Pour ceux qui ne le sauraient pas, votre pièce d'identité en cours de validité suffit, ou bien encore un passeport périmé depuis moins de cinq ans. Il n'est pas demandé de visa pour les ressortissants canadiens si leur séjour est d'une durée inférieure à trois mois.

Faire / Ne pas faire

→ Si vous connaissez deux mots d'espagnol, n'hésitez pas à les utiliser ! Ici, la population est habituée aux touristes et appréciera celui qui fera un effort pour parler, ne serait-ce qu'un peu, espagnol…

→ Les Espagnols en principe ont horreur du vouvoiement et bannissent de leur vocabulaire le usted (vous de politesse). Certes, il ne viendra pas à l'esprit d'un Espagnol de vouvoyer quelqu'un de son âge, cependant il convient de vouvoyer des gens plus âgés et les employés.

→ Une particularité d'Ibiza, c'est le respect d'autrui, où chacun déambule sans être jugé sur son apparence, sa religion ou ses coutumes.

→ Mieux vaut ne pas entrer dans des discussions à propos de l'usage du castillan ou du catalan, cette dernière langue étant devenue obligatoire dans les écoles au grand dam des farouches défenseurs de la langue locale.

→ Ne vous avisez pas de faire vos petits commentaires à voix haute, car partout on remarque vite que vous êtes français. A Ibiza, la population a l'habitude des touristes et, en un coup d'œil, reconnaît l'origine des vacanciers.

→ En juillet et août, les plages sont noires de monde et deviennent, entre autres, des cendriers ambulants. A défaut de ramasser les mégots des autres, éviter de laisser les vôtres !

© MICKAEL DAVID - AUTHOR'S IMAGE

N'oubliez pas votre permis de conduire pour les locations de voitures et de motos. Les animaux auront besoin d'un certificat de vaccination contre la rage et d'un certificat de bonne santé établi depuis moins de trois ans pour entrer sur le territoire. Ils sont admis dans certains hôtels mais dans peu de restaurants.

➜ **Obtention du passeport.** Tous les passeports délivrés en France sont désormais biométriques. Ils comportent votre photo, vos empreintes digitales et une puce sécurisée. Pour l'obtenir, rendez-vous en mairie muni d'un timbre fiscal, d'un justificatif de domicile, d'une pièce d'identité, d'un extrait d'acte de naissance et de deux photos d'identité. Le passeport est délivré sous 3 semaines environ. Attention, il n'est plus possible d'inscrire les enfants sur le passeport de leurs parents, ils doivent disposer d'un passeport personnel.

➜ **Conseil futé :** avant de partir, pensez à prendre une photocopie de tous les documents que vous emportez avec vous, et à laisser un exemplaire à quelqu'un en France. En cas de perte ou de vol, les démarches de renouvellement seront ainsi facilitées auprès des autorités consulaires.

Douane

Vous n'avez rien à déclarer à la douane lors de votre retour en France. La libre circulation des biens vous autorise à acheter pour vos besoins personnels des biens dans un autre Etat membre de l'Union européenne sans limitation de quantité ou de valeur. Seules exceptions : tabacs et alcools pour l'achat desquels, au-delà des franchises, vous devez acquitter les droits de douane et la T.V.A.

➜ **Restrictions.** Les médicaments sont admis s'ils sont utilisés pour un usage personnel et que la quantité transportée sans ordonnance correspond à trois mois de traitement (durée de cinq mois acceptée si vous transportez l'ordonnance). Certains végétaux et produits végétaux peuvent nécessiter un laissez-passer pour être transportés.
Bien évidemment, vous ne pouvez passer la frontière avec des armes, stupéfiants, psychotropes, organes humains, contrefaçons, objets comportant des images ou représentations de mineurs à caractère pornographique (liste non exhaustive). Enfin, si vous voyagez avec 7 600 € de devises ou plus, vous devez impérativement le déclarer en douane.
Il ne serait que trop conseillé, pour éviter tout désagrément lors de votre voyage, de vous informer auprès de la Direction générale des douanes et des droits indirects (✆ 0 820 02 44 44 (0,12 €/min. – www.douane.gouv.fr).

Hébergement

L'île d'Ibiza est divisée en quatre « régions ». Au nord, celles de Santa Eulalia et de San Juan sont authentiques et les régions du sud, c'est-à-dire celles de San Antonio et d'Ibiza, sont beaucoup plus animées.
Pour votre séjour, vous aurez la possibilité de choisir entre plusieurs formules : louer une chambre ou un appartement. Vous pourrez aller dans un hôtel appartenant à une chaîne et profiter des animations pour les enfants et de la pension complète ou choisir un des trente-cinq hôtels ruraux de l'île. Ce sont souvent d'anciennes fincas de charme, ambiance familiale et tran-

quillité assurées. L'offre hôtelière est très large, cependant vous aurez du mal à trouver des offres bon marché, et encore plus l'été. En effet, beaucoup d'établissements ne sont ouverts que pour la saison, de la semaine sainte à fin octobre. Les prix varient énormément et une même chambre, au mois d'août, vaut souvent le double de son prix en basse saison.
Dans la ville d'Ibiza, les hôtels sont essentiellement de prix moyens. Si vous visez quelque chose de vraiment pas cher, nous vous conseillons de chercher dans les villages alentour ; pour des établissements de luxe, les meilleurs se trouvent dans Dalt Vila (la ville haute).

■ HOTEL ANCHORAGE
Marina, Paseo Maritimo, s/n
✆ 971 31 17 11
www.marinabotafoch.com
Double 124-240 €. Un petit établissement plutôt chic, situé sur le port de plaisance, avec balcons.

■ HOTEL EL CORSARIO
C/Poniente, 5 ✆ 971 30 12 48
www.ibiza-hotels.com/CORSARIO
Double standard 140 €. Au cœur de la Dalt Vila, cet hôtel occupe une grande maison typique.

■ HOTEL EL PALACIO IBIZA ***
Calle Conquista, 2 ✆ 971 30 14 78
Sept chambres, 160-450 €. Un hôtel pittoresque de la Dalt Vila, le préféré des célébrités.

■ HOTEL LA TORRE DEL CANONIGO
C/Mallor, 8 ✆ 971 30 38 84
www.elcanonigo.com
Standard 150-270 €. Une belle tour du XIVe siècle restaurée qui domine la vieille ville.

■ HOTEL MIRADOR*****
Plaza de España, 4
✆ 971 30 30 45
www.hotelmiradoribiza.com
Double 255-425 €. Un 5-étoiles unique sur l'île, abrité dans une ancienne maison seigneuriale.

■ HOSTAL PARQUE
Plaza del Parque 4
✆ 971 30 13 58
www.hostalparque.com
Double 65-110 €. Très propre et bien tenu, en plein centre-ville. Très belle terrasse.

■ HOSTAL RESTAURANT LA MARINA
Calle Barcelona, n° 7, 4, sur le port
✆ 971 31 01 72
www.hostal-lamarina.com
Double 62-175 €. Accueil très chaleureux dans un des plus vieux bâtiments de la ville rénové.

■ HOTEL ROYAL PLAZA****
Carrer Pere Francés, 27
✆ 971 31 37 11
www.hotelroyalplaza.net
Double 124-226 €. Un superbe hôtel, situé dans le centre d'Ibiza. Piscine, sauna, jacuzzi, bar, restaurant.

■ HOTEL VICTORIA
Playa Talamanca
✆ 971 31 19 12
www.victoriahotel-ibiza.com
Doubles 70-85 €. Agréable 3-étoiles joliment rénové à 50 m de la plage Talamanca.

■ LA PENA
Carrer la Virgen, 76
✆ 971 19 02 40
Double 30 €. Idéalement situé pour les fêtards (à Sa Penya). Un des hôtels les moins chers de l'île.

Internet

Prix moyens : 2 €/heure et 1 € la demi-heure. Dans les rues très touristiques, l'heure monte à 4 €. On trouve de bons établissements au début de l'avenue Santa Eulalia Del Riu (en face de l'embarcadère pour Formentera) ou encore dans l'avenue Ignacio Wallis, 39 (✆ 971 31 81 61).

Langues parlées

A Ibiza, tout le monde parle le catalan et l'espagnol, les deux langues officielles depuis que les Baléares forment une communauté autonome. Vous n'aurez cependant aucun problème pour vous faire comprendre dans les hôtels, les restaurants et autres magasins avec quelques notions d'anglais ou d'allemand (le français est rarement parlé). Pourtant, une frange de la population continue, surtout dans les petites villes et villages, à parler l'ibicenco, langue locale proche du catalan. Mais il est de moins en moins parlé, résultat évident de la diminution des habitants de pure souche. A l'inverse, dans les villes et sur la côte, le castillan emporte la préférence de la population. Cette disparité rend épineux le sujet du bilinguisme, d'autant plus que la langue locale est en passe de devenir minoritaire. Dans toute l'île, la langue locale est obligatoire dans les écoles ainsi que sur tous les panneaux d'information routière ou touristique, preuve évidente que les vœux de la classe politique jurent avec les velléités de la population. L'anglais est la langue des jeunes et du tourisme. L'allemand est devenu une langue nécessaire et les journaux locaux ont tous plusieurs pages en allemand.

Se déplacer

Avion

Depuis six ans, Iberia n'a plus le monopole en Espagne. Plusieurs compagnies se disputent désormais le ciel à coup de promotions et de rabais : Iberia donc, Spanair, ou Vueling.

Cala Vadella.

Si vous achetez votre billet au moins un mois à l'avance, il ne doit pas vous coûter plus de 200 € TTC.

→ **De l'aéroport au centre-ville.** L'un des meilleurs moyens pour rejoindre le centre-ville d'Ibiza à partir de l'aéroport serait de prendre un taxi, mais ces derniers sont assez onéreux, il faut compter environ 1 € par kilomètre, soit à peu près 14 € pour le trajet. Pour contacter la station de taxi de l'aéroport ✆ 971 39 54 81

Le deuxième moyen est de prendre le bus, beaucoup moins cher que le taxi (aux alentours de 1,50 € par trajet). La station de bus se trouve sur l'Avenida Isidoro Macabich, à 5 minutes de marche du port.

La ligne 10 fonctionne été et hiver pour rejoindre la capitale. Compter environ 20 minutes de trajet. Il y a un bus toutes les 30 minutes de 6h30 à 23h30 en été, et un bus toutes les heures de 7h30 à 23h30 en hiver. Toujours de l'aéroport, les lignes 9 et 24 permettent de se rendre à San Josef et San Antonio, ou à Es Canar et Santa Eulalia, mais que pendant l'été.

Voiture

Attention : il pleut rarement à Ibiza, et encore moins l'été. Par conséquent, les routes, déjà dangereuses car très étroites, sont recouvertes de poussière et sont donc particulièrement glissantes. Soyez vigilants au volant. L'île est petite. Où que vous ayez décidé de passer votre semaine, vous en ferez aisément le tour en voiture. Mais, si les distances sont courtes, les trajets peuvent prendre du temps, en particulier dans le Nord où la route n'est qu'une succession de virages.

Les sociétés de location de voitures sont très nombreuses et on les voit tout de suite à l'aéroport et sur le port.

Les loueurs de voitures présents à l'aéroport pratiquent des tarifs autrement plus élevés qu'en ville. Une formule plus avantageuse : les loueurs de la ville peuvent mettre leurs véhicules à disposition à l'aéroport si ceux-ci sont réservés préalablement. Les assurances et les taxes sont incluses.

Les tarifs de location sont nettement plus élevés à Ibiza même que sur le reste de l'île. Si vous en avez la possibilité, louez à Eulalia ou à San Antonio, vous économiserez jusqu'à 50 % sur une semaine de location. Pour info, sachez qu'un prix raisonnable pour une voiture de type Renault Twingo ou Opel Corsa pour une journée en plein été se situe autour de 55-60 €.

→ **Location de véhicules.** Motos, scooters ou voitures, vous louerez un véhicule très facilement, les enseignes ne manquent pas. Pour louer une voiture, il faut avoir 21 ans et être titulaire du permis depuis au moins 3 ans.

→ **Se garer dans Ibiza.** Apparues il y a deux ou trois ans à Ibiza, les places de stationnement payant se sont multipliées encore plus rapidement que les hôtels sur la côte. Les « pervenches » sont nombreuses pour un périmètre restreint, elles passent donc très souvent. Les zones de stationnement payant sont signalées par des bandes bleues, et il faut mettre des sous dans la machine du lundi au vendredi de 9h à 14h et de 17h à 20h, le samedi de 9h à 14h.

Compter 1 € de l'heure avec un maximum de 2 heures et gratuit les dimanches et jours fériés. Par rapport à nos distributeurs de tickets, ceux-ci ont un mérite : ils fonctionnent soit avec pièces soit directement à l'aide de la carte Visa ou MasterCard. Les bordures de trottoirs peintes en jaune signifient qu'il est interdit de se garer. On a beau être sous le soleil, votre voiture partira très rapidement à la fourrière si elle est mal garée. A sa place, vous trouverez un autocollant jaune en forme de triangle avec le numéro de la fourrière correspondante.
De grands terrains vagues se trouvent à l'entrée de la ville du côté du port. Prendre la première rue à droite après le Burger King, puis encore une fois la première à droite. En général, des « gardiens » vous indiqueront les places libres et une fois que vous serez garé, ils tendront la main pour un peu de monnaie. Rien ne vous y oblige, mais c'est en général de coutume.

Bus

■ **GARE ROUTIERE**
42/44, avenida Isidoro Macabich
(près du parc de La Paz)
© 971 31 20 75
Vous trouverez tous les horaires (il y a des changements chaque saison) et les tarifs à la gare routière d'Ibiza ainsi que sur www.ibizabus.com/web/es
Pas très glamour, surtout dans la canicule estivale lorsqu'il est bondé et non climatisé, l'autocar a néanmoins le mérite d'être bon marché. En outre, il n'y a pas mieux pour se rendre sur les plages les plus fréquentées ou les boîtes les plus à la mode. Quarante-cinq lignes de bus sont mises à disposition, la plupart d'entres elles ne fonctionnant que l'été. Les prix sont fixés en fonction de la distance du trajet, mais n'excèdent pas les 2 € pour un aller simple. Les premiers départs se font généralement vers 9h30, avec une moyenne d'un bus par heure jusqu'à 21h ou 21h30.

➜ **A partir de San Antonio,** les lignes 1 à 9 et la ligne 22 vous emmèneront à Cala Gracio, au Port Des Torrent, à San Rafael et Ibiza, à Cala Conta, Cala Tarida, Cala Bassa, à l'aéroport, et au port de San Miguel.

➜ **A partir d'Ibiza,** les lignes 10 à 13, 20, 25, 26, 30,31, 35, 38, 39 et 42 desservent l'aéroport, les Salinas, Jesus et Cala Llonga, Santa Eulalia, Portinatx, San Miguel et son port, Can Martinet, Santa Agnés et San Antonio, Cala Tarida, Can Misses et Es Cubells.

➜ **A partir de Santa Eulalia,** les lignes 16 à 19, 21, 23, 24 et 41 vous emmènent en direction de Cala Lenya, Siesta, Es Canar, San Antonio, Portinatx, Cala San Vicente, Es Canar, L'aéroport et Cala Llonga.

➜ **Idée futée.** Un bon moyen pour découvrir la ville est de prendre le Bus 45. Partant de Vara del Rey, il monte dans la Dalt Vila pour redescendre ensuite vers le port.

Taxi

Nombreux et assez reconnaissables (beiges barrés d'un liseré rouge), les taxis fonctionnent habituellement à l'aide d'un compteur, exactement comme en France.

■ **RADIO TAXI PITIUSA (24H/24)**
© 971 30 70 00/66 02

Bateau

Du port d'Ibiza, il est possible de rejoindre de nombreuses plages grâce à un service de bateaux. Par exemple, pour aller à Ibiza Nueva ou Talamenca, il y a des départs toutes les demi-heures ; comptez 1,75 € l'aller et 2,94 € l'aller-retour. Pour aller à la plage d'en Bossa, le départ a lieu également toutes les demi-heures, entre 9h et 18h. Prix : 3 € l'aller. Achat des tickets à bord ou sur le port. Des pancartes sur l'embarcadère vous renseignent sur les horaires exacts. Par ailleurs, six compagnies maritimes (Acciona-Trasmediterranea, Balearia ou Iscomar) partagent les liaisons avec la côte et les trajets interîles, vous pourrez donc vous rendre d'une île à l'autre sans difficulté.

Deux-roues

Il fait chaud, il ne pleut presque jamais, l'île est petite, un scooter ou une moto est donc idéal pour une ou deux personnes. Les loueurs se trouvent très facilement sur l'île.

Le discoBus

A Ibiza, la fête dans les discothèques est une vraie religion. Il n'est pas question que cette lucrative industrie touristique soit difficile d'accès. Pour les noctambules, ceux qui n'ont pas de voiture ou ceux qui préfèrent ne plus conduire dans leur état, des cars baptisés DiscoBus sillonnent l'île, s'arrêtant devant les meilleurs dance floor de juin à septembre. Il existe six lignes (San Antonio – Ibiza, Fort Des Torrent – San Antonio, Ibiza – Playa D'en Bossa, Ibiza – Santa Eulalia, Santa Eulalia – Es Canar et Ibiza – Cap Martinet).

Les horaires sont ceux des boîtes de nuit, de minuit à 6h, voire 6h30 du matin, heure à laquelle commencent les services des bus diurnes. Renseignements disponibles à la gare routière où l'on vous offre un petit livret d'horaires. En regardant ce petit dépliant, vous verrez immédiatement quels sont les lieux incontournables : Pacha, Space, Amnésia, etc. Prix du ticket : 1,80 €. ✆ 971 19 24 56
www.ibizabus.com/web/es

Vélo

Le vélo peut s'avérer être un très bon moyen de découvrir l'île. Attention quand même aux fortes chaleurs de l'été et aux côtes assez raides de certaines routes. Là encore, les adresses de loueurs sont innombrables. Faites marcher la concurrence en sachant que le prix juste pour la haute saison est d'environ 10 € à 12 € la journée.

Auto-stop

Une pratique assez répandue sur l'île par les habitants. Vous trouverez ici un moyen économique de vous déplacer, à condition de ne pas avoir peur d'attendre au bord de la route en plein soleil.

Téléphone

Pour appeler Ibiza depuis la France, composez le 00 + 34 + l'indicatif de la province (Baléares 971), soit 00 + 34 + 971 + le numéro de l'abonné aux Baléares (6 chiffres).

→ **Pour appeler la France :** 0033 + le numéro sans le premier zéro.

Cabines et cartes

Il est préférable d'appeler d'une agence Telefónica ou des nombreuses cabines publiques – la plupart d'entre elles fonctionnent aussi bien avec une tarjeta telefónica, une carte Diners ou American Express qu'avec des pièces – plutôt que de l'hôtel qui surtaxera la communication (+ 25 % en général).
Les bars et les restaurants ont des téléphones publics fonctionnant avec des pièces. Le tarif est réduit à partir de 22h pour l'Europe (et vers les téléphones mobiles) et 20h pour l'Espagne, et le week-end.
Les bureaux de poste (correos), kiosques, bureaux de tabac ou locutorios vendent des cartes (tarjetas telefónicas). Certaines cartes disposent d'un code au verso et présentent des prix plus intéressants pour l'étranger.
On peut aussi téléphoner d'un local téléphonique, dit locutorio (Telefónica ou autre), et ne payer ainsi qu'à la fin de la communication à un tarif relativement bas.

Sans pièce ni carte téléphonique, le service France Direct de France Telecom permet d'appeler la France en payant la communication sur sa facture téléphonique habituelle, à un prix évidemment un peu plus élevé. Depuis l'Espagne, composez le ✆ 900 990 033 pour joindre un opérateur français auquel vous donnerez les 9 chiffres du numéro de votre carte, son code à 4 chiffres, puis les 10 chiffres du numéro de votre correspondant.

Appels en P.C.V.

Pour appeler en P.C.V. (cobro revertido ou llamada por cobrar), composez le 005. Opérateur international : composez le 9198 pour des appels en Europe et le 9191 pour des appels intercontinentaux.

Renseignements

Les renseignements s'obtiennent en composant le 098, et le 9108 pour les renseignements internationaux.
Vous pouvez également utiliser les renseignements sur Internet : www.paginas-amarillas.es (les Pages jaunes espagnoles).

Mobiles

Pas d'angoisse pour les accros du movíl (portable) : ça passe ! Le réseau couvre très bien les grandes villes et les stations balnéaires, mais de façon médiocre dans les petites agglomérations reculées.
Question tarifs, la règle est la même chez tous les opérateurs. Lorsque vous utilisez votre téléphone portable français à l'étranger, vous payez la communication (hors forfait), que vous émettiez l'appel ou que vous le receviez.

Comment partir ?

Partir en voyage organisé

Ibiza est une destination incontournable des fêtards, c'est vrai. On y profite de ses soirées et on roupille au pied d'un palmier le matin venu. Mais pas seulement… L'image est un peu courte. Vous aurez aussi l'occasion de profiter de vos journées dans des hôtels de grand confort en formule « all inclusive » ou demi-pension pour aller découvrir l'île et son histoire qui débute avec les Phéniciens. Evidemment, pas de séjour à Ibiza sans savourer ses plages. Vous trouverez de nombreuses excursions et pourrez vous initier notamment à la plongée.

Les spécialistes

Vous trouverez ici les tour-opérateurs spécialisés dans votre destination. Ils produisent eux-mêmes leurs voyages et sont généralement de très bon conseil car ils connaissent la région sur le bout des doigts. A noter que leurs tarifs se révèlent souvent un peu plus élevés que ceux des généralistes.

■ **AILLEURS**
✆ 0 892 161 192
www.ailleurs.com
39 rue Greffulhe – Levallois Perret
✆ 01 41 34 03 03
Fax : 01 41 47 00 23
30 rue Legendre – 75017 Paris
✆ 01 43 24 20
Fax : 01 47 66 17 78
15-17 passage Choiseul
75002 Paris ✆ 01 40 20 15 75
01 40 20 15 78
Egalement plusieurs agences en région. Ailleurs vous permet de construire votre voyage en réservant vos billets d'avion, la location de voitures et vos nuitées. En la matière, vous aurez l'embarras du choix pour trouver un hébergement à Ibiza. Différentes catégories et formules sont proposées.

© FLORENT RECLUS - AUTHOR'S IMAGE

Cala Xanaca.

CDF CROISIERES DE FRANCE

8 rue du Dahomey, 75011 Paris
✆ 0 811 70 1234
www.cdfcroisieresdefrance.fr
Et pourquoi ne pas profiter d'Ibiza ou d'y retourner à l'occasion d'une croisière ? Croisières de France vous invite à une mini-croisière au départ de Marseille. Cap sur l'île de toutes les fêtes puis sur Palma et Port Mahon.

IBERICA

26 boulevard Beaumarchais
75011 Paris ✆ 0 826 100 805
Fax : 01 43 55 12 27 – www.iberica.fr
Iberica propose des séjours avec une large gamme d'hébergements de 2 à 4-étoiles et proches de la plage. Arrivée et départ chaque jour avec un minimum de nuits. Iberica vous permet aussi de relier l'île en avion.

LOANN VOYAGES

9 rue Arago, 38000 Grenoble
✆ 04 76 28 42 63
Fax : 04 76 43 26 07
www.loannvoyages.com

Es Vedra.

Loann Voyages commercialise des voyages individuels, de groupes et pour les célibataires. A Ibiza, ce tour-opérateur vous ouvre les portes d'un complexe de trois hôtels club avec la formule « all inclusive ».

MONDECOM

38 rue René-Boulanger, 75010 Paris
✆ 01 42 02 20 00
Fax : 01 42 02 49 71
www.mondecom.fr
Mondécom propose trois séjours à Ibiza en 8 jours et 7 nuits dans trois hébergements 3-étoiles. A vous de choisir entre une formule « all inclusive », demi-pension ou pension complète. De nombreuses activités et animations.

TCH
TOURISME CHEZ L'HABITANT

15 rue des Pas-Perdus BP 38338
95804 Cergy-Saint-Christophe cedex
✆ 0 892 680 336 (service privilège « attente téléphonique réduite ») ou 08 26 46 30 26
Fax : 08 26 46 30 25
www.tch-voyages.com
Ce voyagiste propose un large choix de séjours à la carte ainsi que de nombreux hébergements de différentes catégories chez l'habitant. Le moyen de découvrir autrement l'île. Réservez également une voiture et vos vols.

TRANSAVIA

✆ 0 892 05 88 88
www.transavia.com/fr
Transavia propose un large choix d'hôtels de toutes catégories mais aussi des vols et des forfaits « vols + hôtel ». Transavia vous permet aussi de réserver vos transferts à l'aéroport et une voiture de location.

VT VACANCES

Chemin du Croset 7
1024 Ebublens (Suisse)
✆ +41 (0)21 695 60 40
Fax : +41 (0)21 695 60 44
www.vtvacances.ch

Ce spécialiste propose des vols à destination d'Ibiza et une sélection d'hôtels de 3 à 5-étoiles proches de la plage. Vous pourrez notamment profiter de l'« Insotel Fenicia » à Santa Eulalia del Rio pour un séjour thalasso et spa.

Les revendeurs généralistes

Vous trouverez ici les tour-opérateurs dits « généralistes ». Ils couvrent un large panel de destinations et revendent le plus souvent des produits packagés par d'autres : vols, hôtels, locations de voitures, excursions... S'ils délivrent des conseils moins pointus que les spécialistes, ils proposent des tarifs généralement plus attractifs.

EXPEDIA FRANCE

✆ 0 892 301 300
www.expedia.fr

Expedia est le site français n° 1 mondial du voyage en ligne. Un large choix de compagnies aériennes, hôtels, de stations pour la location de voitures et la possibilité de réserver toute une série d'activités sur votre lieu de vacances.

CARLSON WAGONLIT VOYAGES

✆ 0 826 828 824
www.cwtvoyages.fr

Le site propose plus d'un million de tarifs négociés au départ de l'Europe. A noter, une catégorie exclusivement réservée aux départs de province et une rubrique de location de voitures.

© HERVÉ BERNARD - ICONOTEC

Statue de pêcheur.

GO VOYAGES

14, rue de Cléry, 75002 Paris
www.govoyages.com
✆ 0 899 651 951 (billets)
✆ 0 899 651 851 (hôtels, week-ends et location de voitures)

Possibilité d'acheter des packages sur mesure « vol + hôtel » permettant de réserver simultanément et en temps réel un billet d'avion et une chambre d'hôtel. Grand choix de promotions sur tous les produits, y compris la location de voitures.

LAST MINUTE DEGRIFTOUR – TRAVELPRICE

✆ 0 899 78 5000
✆ 04 66 92 30 29
www.lastminute.fr

Des vols secs à prix négociés, dégriffés ou publics sont disponibles sur Last Minute. On y trouve également des week-ends, des séjours, de la location de voitures... Mais Last Minute est surtout le spécialiste des offres de dernière minute pour voyager à petits prix.

■ **OPODO**

✆ 0 899 653 656 – www.opodo.fr

Opodo vous permet de réserver au meilleur prix en comparant les vols de plus de 500 compagnies aériennes, les chambres d'hôtel parmi plus de 45 000 établissements et les locations de voitures partout dans le monde.

■ **PROMOVACANCES**

✆ 0 892 232 626

✆ 0 892 230 430 (thalasso, plongée ou lune de miel)

www.promovacances.com

Promovacances propose de nombreux séjours touristiques, des week-ends, locations, hôtels à prix réduits ainsi qu'un très large choix de billets d'avion à tarifs négociés sur vols charters et réguliers.

■ **THOMAS COOK**

✆ 0 826 826 777 (0,15 €/min)

www.thomascook.fr

Tout un éventail de produits pour composer son voyage : billets d'avion, location de voitures, chambres d'hôtel... Thomas Cook propose aussi des séjours dans ses villages-vacances et une journée de promos exceptionnelles tous les vendredis.

■ **VIVACANCES**

✆ 0 899 653 654 (1,35 €/appel et 0,34 €/min) – www.vivacances.fr

Vous trouverez un catalogue de destinations soleil, farniente, sport ou aventure extrêmement riche : vols secs, séjours, week-ends, circuits, locations... Les prix sont négociés sur des centaines de compagnies aériennes.

Les sites comparateurs

Plusieurs sites permettent de comparer les offres de voyages (packages, vols secs, etc.) et d'avoir ainsi un panel des possibilités et donc des prix. Ils renvoient ensuite l'internaute directement sur le site où est proposée l'offre sélectionnée.

- **www.easyvoyage.com**
- **www.kelkoo.com**
- **www.prixdesvoyages.com**
- **www.sprice.com**
- **www.voyagermoinscher.com**

Cala Benirrás.

Partir seul

Il n'est pas difficile de rejoindre Ibiza au départ de la France. Le moyen le plus rapide pour rejoindre l'île est sans conteste l'avion. Il vous faudra compter environ deux heures de vol pour relier Paris et Ibiza en vol direct. En plus des compagnies régulières, de nombreux vols charters et low cost sont proposés. N'hésitez pas à consulter un site comparateur pour trouver les meilleurs tarifs. Les sites des compagnies proposent également des promotions occasionnelles. Enfin et c'est sans doute le plus important à savoir, plus vous vous y prendrez tôt, moins cher sera le prix de votre billet.

Principales compagnies aériennes desservant Ibiza

■ **AIR FRANCE**

✆ 36 54 – www.airfrance.fr

Air France propose plusieurs départs par jour de Paris-CDG vers Ibiza en faisant escale à Barcelone ou Madrid. La seconde partie du trajet est effectué par Air Europa. Il vous faudra compter au moins 3 heures 45 de vol.

■ **EASYJET**

✆ 0 826 10 26 11 (service clientèle)

✆ 0 899 70 00 41 (vente et modification de réservations)

www.easyjet.com

Des liaisons directes Paris-Ibiza sont opérées par la compagnie low cost depuis Roissy-CDG. Départs le mercredi à 8h (du 15 juillet au 26 août 2009), le samedi à 17h35 (du 11 juillet au 29 août 2009) et le dimanche à 7h20 (du 12 juillet au 30 août 2009) – 2 heures de vol. Egalement des départs depuis Lyon le mardi et le jeudi à 7h (du 14 juillet au 27 août 2009) et 19h55 (du 12 juillet au 30 août 2009) – 1 heure 40 de vol.

■ **AIR MEDITERRANEE**

✆ 05 34 48 20 00

www.air-mediterranee.fr

Cette compagnie charter propose un vol direct chaque samedi depuis Paris-CDG. Consultez la compagnie pour connaître ses horaires.

■ **IBERIA**

✆ 0 825 800 965 – www.iberia.fr

Ibéria propose plusieurs vols par jour au départ de Paris-Orly avec escale à Madrid. Comptez au moins 4 heures de vol. Départs également de Nice, Bordeaux, Toulouse, Marseille, Nantes, Lyon, Montpellier et Rennes.

■ **VUELING**

✆ 0 800 90 54 61

www.vueling.com

La compagnie low cost Vueling propose des vols directs pour Ibiza au départ de Paris-CDG chaque soir à 22h55. 2 heures 05 de vol.

Les sites comparateurs

Ces sites vous aideront à trouver des billets d'avion aux meilleurs prix. Certains d'entre eux comparent les prix des compagnies régulières et low cost. Vous trouverez des vols secs (transport aérien vendu seul, sans autres prestations) à des tarifs très avantageux.

- **www.easyvols.fr**
- **www.expedia.fr**
- **www.govoyages.com**
- **www.opodo.fr**
- **www.sprice.com**
- **www.terminala.com**

Index

A / B

C / D

E

F / G

H

I / J / K

L

M / N

O / P

Q / R

S

T

V / W / Z

ABONNEZ-VOUS

et découvrez en exclusivité notre nouveau hors série Le Patrimoine français de l'Unesco

6 numéros Petit Futé Mag

le magazine pratique de vos idées week-ends & vacances

Pour vous 25 € seulement !

+ Le Hors Série

été 2009

BULLETIN D'ABONNEMENT

A retourner à :
Petit Futé mag - service abonnements
18-24, quai de la Marne - 75164 Paris Cedex 19

❒ **Oui,** je souhaite profiter de l'offre spéciale abonnement hors série pour 1 an pour 25€ au lieu de ~~29,90€~~ : je recevrai 6 n°s Petit Futé mag et le hors série 2009 Le patrimoine français de l'Unesco (parution juillet 2009).

❒ Je joins mon règlement par chèque bancaire ou postal à l'ordre de Petit Futé m

❒ Je préfère régler par carte bancaire :

CB n° |_|_|_|_| |_|_|_|_| |_|_|_|_| |_|_|_|_|

Expire fin : |_|_| / |_|_|

Clé : (3 derniers chiffres figurant au dos de la carte) |_|_|_|

Date et Signature

Mes coordonnées :

❒ Mme ❒ Mlle ❒ M.

Nom .... Prénom ....

Adresse ....

Code Postal .... Ville ....

Tél. ....

Email ....

Offre France métropolitaine réservée aux nouveaux abonnés jusqu'au 30/06/2010, dans la limite des stock disponibles. Vous pouvez acquérir séparement le hors série pour 5,90€. Tarif Dom et étranger, merci de nou consulter au 01 44 84 86 87. Conformément à l'article 27 de la loi «Informatique et libertés» du 6 janvier 19 vous disposez d'un droit d'accès, de rectification et de suppression des informations vous concernant. Elles pourront être cédées à des tiers sauf refus de votre part (en cochant cette case ❒)

PC06

Partagez vos bons plans sur Ibiza

Faites-nous part de vos expériences et découvertes. Elles permettront d'améliorer les guides du Petit Futé et seront utiles à de futurs voyageurs. Pour les hôtels, restaurants et commerces, merci de bien préciser avant votre commentaire détaillé l'adresse complète, le téléphone et le moyen de s'y rendre ainsi qu'une indication de budget. Dès lors que vous nous adressez vos bons plans, vous nous autorisez à les publier gracieusement en courrier des lecteurs dans nos guides ou sur notre site internet. Bien sûr, vous n'êtes pas limité à cette page...
Merci d'adresser vos courriers à PETIT FUTE VOYAGE, 18 rue des Volontaires, 75015 Paris ou infopays@petitfute.com

Qui êtes-vous ?

Nom et prénom ....

Adresse ....

E-mail .... Quel âge avez-vous ? ....

Avez-vous des enfants ? ❑ Oui (combien ?) ❑ Non

Comment voyagez-vous ? ❑ Seul ❑ En voyage organisé

Profession : ❑ Etudiant ❑ Sans profession ❑ Retraité
❑ Profession libérale ❑ Fonctionnaire ❑ Commerçant
❑ Autres ....

Quels sont, à votre avis, les qualités et défauts des guides Petit Futé ?

....

....

....

Votre bon plan

Nom de l'établissement : ....

Adresse : ....

Téléphone : ....

S'y rendre : ....

Budget : ....

Votre avis : ....

....

....

AUTEURS ET DIRECTEURS DES COLLECTIONS
Dominique AUZIAS & Jean-Paul LABOURDETTE

DIRECTEUR DES EDITIONS VOYAGE
Stéphan SZEREMETA

RESPONSABLES EDITORIAUX VOYAGE
Patrick MARINGE, Morgane VESLIN
et Caroline MICHELOT

RESPONSABLE CARNETS DE VOYAGE
Christophe BERTHELIER

EDITION ✆ 01 53 69 70 18
Emmanuelle BLUMAN, Audrey BOURSET,
Cédric COUSSEAU, Sophie CUCHEVAL,
Aurélie LOUCHART, Marjorie JUNG,
Pierre-Yves SOUCHET et Nadyne BENSADOUN

ENQUETE ET REDACTION
Charlotte PAVARD, Philippe CHARLOT, Virginie
CAMBOURNAC et Nelly MASSOUD

MAQUETTE & MONTAGE
Sophie LECHERTIER, Delphine PAGANO,
Marie AZIDROU, Julie BORDES et Élodie CLAVIER

CARTOGRAPHIE
Philippe PARAIRE, Thomas TISSIER

PHOTOTHEQUE ✆ 01 53 69 65 26
Élodie SCHUCK

DIRECTRICE WEB
Hélène GENIN

RELATIONS PRESSE ✆ 01 53 69 70 19
Jean-Mary MARCHAL

DIFFUSION ✆ 01 53 69 70 06
Eric MARTIN, Bénédicte MOULET,
Jean-Pierre GHEZ et Antoine REYDELLET

DIRECTEUR ADMINISTRATIF ET FINANCIER
Gérard BRODIN

RESPONSABLE COMPTABILITE
Isabelle BAFOURD assistée de Bérénice BAUMONT,
Angélique HELMLINGER et Elisabeth de OLIVEIRA

DIRECTRICE DES RESSOURCES HUMAINES
Dina BOURDEAU assistée de Sandrine DELEE
et Sandra MORAIS

■ SPOT IBIZA ■

ÉDITIONS DOMINIQUE AUZIAS & ASSOCIÉS©
18, rue des Volontaires - 75015 Paris
Tél. : 33 1 53 69 70 00 - Fax : 33 1 53 69 70 62

ISBN - 9782746924475
Imprimé en France par
GROUPE CORLET IMPRIMEUR - 14110 Condé-sur-Noireau

Pour nous contacter par email, indiquez le nom de famille en minuscule suivi de @petitfute.com
Pour le courrier des lecteurs : country@petitfute.com

Ce guide a été fabriqué chez un imprimeur bénéficiant du label IMPRIM'VERT.
Cette démarche implique le respect de nombreux critères contribuant à préserver l'environnement.

Achevé d'imprimer en 2009